«Ein begnadeter Alltagspoet.» (Süddeutsche Zeitung)

«Er ist der Großmeister des Aberwitzigen.» (WDR 2)

«Ein Meister des geschriebenen Wortes – hintergründig, humorvoll, pointiert … Ein begnadeter Geschichtenerzähler.» (NDR)

«Wie weiland Ernst Jandl bringt Horst Evers die Sprache zum Tanzen.» (Frankfurter Rundschau)

Horst Evers, geboren 1967 in der Nähe von Diepholz in Niedersachsen, studierte Germanistik und Publizistik in Berlin und jobbte als Taxifahrer und Eilzusteller bei der Post. Er erhielt u.a. den Deutschen Kabarettpreis und den Deutschen Kleinkunstpreis. Jeden Sonntag ist er auf radioeins zu hören. Seine Geschichtenbände, zuletzt «Für Eile fehlt mir die Zeit» und «Wäre ich du, würde ich mich lieben», wie auch seine Romane «Der König von Berlin» und «Alles außer irdisch» sind Bestseller. Horst Evers lebt mit seiner Familie in Berlin.

Horst Evers

**DER
KATEGORISCHE IMPERATIV
IST KEINE STELLUNG
BEIM SEX**

Rowohlt Taschenbuch Verlag

Veröffentlicht im Rowohlt Taschenbuch Verlag,
Reinbek bei Hamburg, Mai 2018
Copyright © 2017 by Rowohlt · Berlin Verlag GmbH, Berlin
Umschlaggestaltung any.way, Walter Hellmann,
nach einem Entwurf von Frank Ortmann
Umschlagabbildung Bernd Pfarr © VG Bild-Kunst, Bonn 2017
Satz aus der Minion, PostScript, InDesign,
bei Pinkuin Satz und Datentechnik, Berlin
Druck und Bindung CPI books GmbH, Leck, Germany
ISBN 978 3 499 29023 7

Das für dieses Buch verwendete Papier ist FSC®-zertifiziert.

«Bei gleicher Umgebung lebt doch jeder
in einer anderen Welt.»

Arthur Schopenhauer

INHALT

Das Handeln

Es ist nicht das, wonach es aussieht   13
Altersvorsorge   18
Menu à la sanitaire   21
Polizeikontrolle   24
Als ich einmal fast Tarzan war   29
Nazi-Heidelbeeren   36
Der kategorische Imperativ ist keine Stellung beim Sex   41
Die gechillte Ethikkommission   44
Berliner Dialoge (Folge 17)   47

Das Vertun

Signalstörung   51
Dimitri?   55
Schau mir in die Augen   60
Die Welt von morgen finden wir in den Außenbezirken   64
Mein Sohn, der Baum   68
Ich bin Daenerys Targaryen   72
Vaya sin ticketos   77
Umschlag für dich   81

Das Streben

Das vermutlich faulste Unterbewusstsein der Welt   87
Wenn alle Bänder reißen   90
Die wahrscheinlich unspektakulärste Sehenswürdigkeit der Welt   96

Trendfitness 101
Jung, sexy und arbeitslos in Bayern 106
Ultimate surfing 111
Ich kann dir nicht lange böse sein 114
Revolution 0.2 – ein Drama in einem unvollendeten Akt 119

Das Ordnen

In eigener Sache: Mein Alltag 125
Nach dem Fest 129
Lösungen ohne langes Streiten 134
La Belle de Torf 137
Menschen am Rand 141
IQ-Tarier 145
Bundestourismusausgleich 148

Das Hoffen

Rüdigers erster selbstgebastelter Adventskalender 153
Wenn's denn so einfach wäre 156
Die schönsten Weihnachtsmärkte der Welt.
Folge 29: Spandau 158
Ich bremse auch mit Tieren 162
Pogo-Tee 167
Die obere Grenze der Belastbarkeit 172

Das Flehen

Was kann die Menschheit? 177
Fröhlich feiernde Physiker 181
Die Grenzen des technisch Machbaren 184

Flirten wie Derrick 190
Rosen für die Rottweiler 194
Ein Hubschrauber wird kommen 197
Inception 200

Das Wundern

Das Geheimnis der Fruchtfliegen 205
«Ichhaaaeekeieeeeangst!» 208
Bilden wir am Bedarf vorbei aus? 212
Syndikat 215
Ich bin die Zuckerpuppe von der Bauchtanzgruppe 222
Burka-Party 227
Der Hund Heidi 231

DAS HANDELN

«Handle nur nach derjenigen Maxime, durch die du zugleich wollen kannst, dass sie ein allgemeines Gesetz werde.»

Immanuel Kant

Es ist nicht das, wonach es aussieht

Mittwochnachmittag. Stehe in der Lingerie-Abteilung eines großen Textilkaufhauses und fotografiere Mädchenunterhosen.

Warum? Ich brauche T-Shirts, daher hat mich die Tochter gebeten, auch gleich ein paar Unterhosen für sie zu besorgen. Der riesige Dessous- und Wäschebereich des gewiss eher an einem jugendlichen Publikum ausgerichteten Discounters ist jedoch reichlich unübersichtlich. Da ich mittlerweile weiß, wie schnell man was verkehrt macht, habe ich also die Tochter noch einmal angerufen. Um auf Nummer sicher zu gehen. Die wiederum meinte, ich solle doch einfach schnell die verschiedenen in Frage kommenden Unterhosen fotografieren, ihr die Bilder schicken und dann könne sie auswählen.

Also steht nun in diesem riesigen hippen Modekaufhaus inmitten Hunderter junger Mädchen ein einzelner mittelalter, untersetzter, kahlköpfiger Mann und schwenkt Mädchenunterhosen. In ein irgendwie günstiges Licht. Betrachtet sie. Um sie dann zu fotografieren. Und denkt sich … nichts dabei.

Eine Verkäuferin spricht mich an:

«Entschuldigung, was machen Sie denn da?»

Aus irgendeinem Grund erschrecke ich mich. Habe, warum auch immer, ein schlechtes Gewissen. Versuche mich daher, einem schwachsinnigen Reflex folgend, hinter der purpurfarbenen Mädchenunterhose in meiner Hand zu verstecken. Wer moderne Mädchenunterhosen und die Größe meines Kopfes kennt, wird sich denken können: Das ist ein ambitioniertes Vorhaben. Wie ich schnell bemerke, kann die Verkäuferin mich immer noch sehen. Sie wiederholt ihre Frage:

«Was machen Sie denn da?»

Überlege kurz, ob ich nicht einfach ohnmächtig werden soll. Bin aber leider zu wach und höre mich antworten: «Es ist nicht das, wonach es aussieht.»

«Nein?»

«Nein. Gar nicht.»

«Dann stehen Sie also nicht hier in unserer Lingerie-Abteilung und fotografieren Mädchenunterhosen?»

«Nein. Das heißt doch. Also schon einerseits, aber ... weiß nicht.»

«Sie wissen nicht, ob Sie Mädchenunterhosen fotografieren?»

«Doch, das schon, aber es ist nicht das, was Sie denken.»

Sie überlegt. Eine ganze Weile. Sagt schließlich:

«Sie Schwein!»

Wehre ab. «Moment, das ist ungerecht. Ich sagte doch, es ist nicht das, was Sie denken.»

Sie nickt.

«Eben. Ich dachte, wahrscheinlich fotografiert er die Unterhosen, um sie seiner Tochter zu zeigen, damit die ihm sagen kann, welche er kaufen soll. Aber da es ja nicht das ist, was ich denke, sind Sie offensichtlich doch ein Schwein.»

Oh. Die Denkweise von Verkäuferinnen war für mich schon immer ein Mysterium.

Dezember letzten Jahres musste ich für eine Bühnenproduktion eine weiße Hose kaufen. Also ging ich in ein richtiges Erwachsenenmodekaufhaus, wo aufgrund der Winterkollektion jedoch nichts wirklich Helles hing. Also fragte ich nach einer strahlend weißen Hose. Die Verkäuferin, die so etwa in meinem Alter gewesen sein dürfte, zwinkerte mir daraufhin zu, gab mir einen regelrecht anzüglichen kleinen Knuff und flötete süß: «Na, da kann wohl noch jemand den Frühling kaum erwarten, was?»

Angemessen überrumpelt, stotterte ich:

«Nein, nein, ich brauche die quasi eher beruflich.»

Augenblicklich wich sie zurück, nahm Haltung an und antwortete in respektvollstem Ton:

«Oh, Entschuldigung, Herr Doktor.»

Ungefähr eine Minute lang versuchte ich noch erfolglos, das Missverständnis aufzuklären. Bis ich begriff, dass ich schlagartig mehrere Stufen innerhalb der Kundenhierarchie aufgestiegen war. Mein Beruf sprach sich in Sekunden herum. Teilweise kümmerten sich nun drei bis vier Verkäuferinnen gleichzeitig um mich, waren aufmerksam, zuvorkommend und fröhlich. Sie sahen im Lager nach, kramten unverkäufliche Musterhosen hervor, telefonierten mit anderen Filialen. Natürlich schäkerte man auch, und selbstverständlich wurde jede der Verkäuferinnen früher oder später mit dem ein oder anderen Leiden bei mir vorstellig. Erstaunlicherweise konnte ich ihnen allen seriös und fachkundig helfen. Unabhängig von Krankheit und Diagnose empfahl ich zur Linderung stets:

«Viel Gemüse und Obst, wenig Zucker, rotes Fleisch und Weißmehl meiden. Gönnen Sie Ihrem Körper ausreichend Bewegung und Schlaf. Aber lassen Sie auf jeden Fall möglichst bald Ihren Hausarzt noch mal draufgucken. Obwohl der Ihnen wahrscheinlich genau dasselbe sagt. Haha. Doch besser ist das.»

Am Ende hatte ich eine der schönsten Dreiviertelstunden meines Lebens verbracht, eine hervorragend sitzende weiße Hose gefunden und endlich mal wieder eine Strategie für ein besseres Leben entdeckt. Wann immer ich nun in einem Kaufhaus von den Verkäuferinnen zu wenig beachtet werde, frage ich nach einer weißen Hose oder weißen Schuhen mit hellen Sohlen. Kurze Zeit später bin ich «Herr Doktor», und alles geht wie von selbst. Wobei ich höchsten Wert darauf lege, mich niemals selber als Arzt auszugeben. Klar, sonst wäre das ja Scharlatanerie.

Ganz am Ende meiner damaligen Doktorlaufbahn, als ich mit meiner Tüte fast schon draußen war, kam die erste Verkäuferin mir noch einmal nachgelaufen, griff mich am Arm und zischte:

«Sie sind ja gar kein richtiger Arzt.»

Nun war ich verblüfft.

«Wie kommen Sie darauf?»

«Ein richtiger Arzt hätte doch niemals so lange, geduldig, freundlich und fröhlich unsere vielen Fragen beantwortet. Da hätte er doch gar nicht die Zeit für.»

Das genau meine ich mit: Die Denkweise von Verkäuferinnen war für mich schon immer ein Mysterium. So auch jetzt bei den Unterhosen. Die junge Frau lächelt mich auf eine Art und Weise an, bei der ich nun wirklich nicht weiß, ob sie mich tatsächlich für ein Schwein hält oder einfach nur Spaß an meiner Verlegenheit hat.

Ich entschließe mich, meinen höchsten Trumpf zu spielen.

«Ach, und außerdem bräuchte ich dann aber auch noch eine weiße Hose.»

Sie zieht die Augenbraue hoch.

«'ne weiße Hose?»

«Ja. Strahlend weiß. Aus beruflichen Gründen.»

Zack. Das hat gesessen. Sehe, wie es in ihr rattert. Dann erhebt sie die Stimme und ruft, ohne den Blick von mir abzuwenden, sehr laut durch den Laden:

«He, Thomas! Der Maler hier, der die ganze Zeit Mädchenunterhosen fotografiert, braucht wohl 'ne neue weiße Arbeitshose zum Bekleckern. Kümmerst du dich darum?»

Alle jungen Mädchen auf der Etage starren uns an. Also zumindest gefühlt. Dann lacht die Verkäuferin los.

«Ach, ich mach ja nur Quatsch. Ich hab natürlich sofort gesehen, dass Sie Arzt sind.»

«Echt? Woran denn?»

«Jemand, der hauptberuflich mit Farben oder Design zu tun hat, würde doch nie so eine misslungene Farbkombination tragen.»

«Ach so.»

Eine andere Verkäuferin kommt angerannt. «Stimmt es, dass Sie Arzt sind?»

«Na ja ...» Lege mir schon meinen Rat hinsichtlich Ernährung und Bewegung zurecht, als sie an meiner Hand zerrt.

«Einer hochschwangeren Kundin in der Umkleidekabine da vorn ist gerade die Fruchtblase geplatzt. Sie müssen sofort ...»

In diesem Moment gelingt mir dann doch eine Ohnmacht.

Altersvorsorge

Seit die Tochter irgendwo aufgeschnappt hat, dass die Renten unserer, also meiner Generation wegen der Niedrigzinspolitik gefährdet sind und viele von uns daher wahrscheinlich später unseren Kindern auf der Tasche liegen werden, legt sie mir immer häufiger wie zufällig Angebote für Zusatzrenten, Pflegeversicherungen oder Immobiliensparpläne auf den Schreibtisch. Manchmal verziert mit fröhlichen Herzchen. «Guck mal, Papa, meinst du wirklich, du brauchst unbedingt gleich wieder ein neues Telefon? Für praktisch dasselbe Geld könntest du auch eine attraktive Pflegezusatzversicherung fürs Alter abschließen, hdl.»

«hdl» heißt «hab dich lieb». Das Kind bereichert mein Leben und ihre Nachrichten ständig mit irgendwelchen Abkürzungen, deren Sinn beziehungsweise Übersetzung ich mir dann mühsam ergoogeln muss. So spart sie Zeit beim Schreiben, die ich dafür beim Lesen wieder dreifach investiere. Eine Art Umverteilung von Zeit zwischen den Generationen. Obwohl ich mittlerweile ja schon viele der Kürzel kenne. «cu» für «see you», «hlf» für «have lots of fun» oder «SzosG» für «Schreib zurück oder schreib Geschichte». Manche Sachen lassen sich auch nicht ergoogeln, wie kürzlich: «cVbse» für «coole Verabschiedungsformel bitte selbst einfügen». Das Einzige, was wir früher abgekürzt haben, war vielleicht mal «Hajo» für «Hans-Joachim», oder der Anrufbeantworter wurde zum «AB», und statt Ronald Reagan sagten wir: «Arsch». So Sachen. Ein paar wenige Abkürzungen, die aber auch jeder sofort verstanden hat. Kein Vergleich zu heute.

Beleidigungen kürzen die Kinder natürlich sowieso ab. Beispielsweise: «SEF». Für: «Sein-Essen-Fotografierer». Was wohl aktuell eine der verächtlichsten Schmähungen unter Jugendlichen ist. Ich finde das ja vergleichsweise elegant. Gemessen an dem, wie sich Erwachsene so beschimpfen. Ob Erdogan wohl auch beleidigt gewesen wäre, wenn man ihn «Sein-Essen-Fotografierer» genannt hätte? Ob er es überhaupt verstanden hätte? Ist es nicht auch eine Art des Respekts, Beleidigungen so zu formulieren, dass der Beleidigte sie auch begreifen kann? Ist das am Ende der Grund, weshalb intelligente Satire von der Politik praktisch nie ernst oder auch nur wahrgenommen wird? Egal. Ich glaube, in Erdogans Fall wäre es ohnehin nicht von Belang gewesen. Kann man denn überhaupt irgendwas über ihn sagen, was ihn nicht beleidigt? Also etwas, was nicht gelogen ist wohlgemerkt?

Wenn ich jetzt beispielsweise sagen würde: «Nicht einmal für zehn Millionen Euro wäre ich bereit, Sex mit Erdogan zu haben.» Dann ist das die Wahrheit. Wirklich. Total. Gut, bei zwölf Millionen käme ich natürlich ins Überlegen. Klar. Wer nicht? Aber zehn Millionen? No way. Versprochen.

Zudem wäre die Aussage doch eigentlich auch in seinem Interesse. Ich meine, er ist sicher gleichfalls froh, keinen Sex mit mir haben zu müssen. Im Prinzip also: Win-win! Und trotzdem glaube ich: Bei all seiner Homophobie wäre er vermutlich doch irgendwie *beleidigt*, dass ich keinen Sex mit ihm haben will. So eitel ist er eben. Schätz ich mal. Wäre bei Putin vermutlich nicht viel anders. Würde ich hingegen sagen, ich will Sex mit Erdogan, wäre er vermutlich auch beleidigt. Sogar wenn ich es für lau machen würde. So wird aus Win-win Loose-loose. Man kann es ihm nicht recht machen, weil: ist eben so.

Manche Abkürzungen der Tochter sind auch verstörend oder irreführend wie «DDR» («Drück Dich Riesig») oder «SAU» («Seid Alle Umarmt»). Eigentlich hübsch, trotzdem ist es eigentümlich, wenn Nachrichten mit SAU unterschrieben sind.

Zudem hat sie mir kürzlich gestanden, seit einiger Zeit schreibe sie auch manchmal nur irgendwelche sinnlosen Buchstabenfolgen hin. Da sie es so lustig findet, wie ich dann verzweifelt versuche herauszufinden, was das bedeuten könnte. Im besten Fall sogar die schwachsinnige Abkürzung selbst übernehme und mich so völlig zum Lappen mache. Das findet sie richtig witzig. Weshalb sie kürzlich «DTFfkaM» unter eine SMS geschrieben hat. Nach stundenlangen Recherchen konnte ich es schließlich als «Donald Trumps Frisur formerly known as Meerschweinchen» übersetzen. Hübsch, aber leider völliger Blödsinn.

Habe mich dann gerächt mit einer selbstgemachten Abkürzung aus meiner Kindheit und ihr geschrieben: «wdlid», wer das liest ist doof. Damit sie mal knobelt, und wenn sie das raushat, dann lache ich.

Doch keine zehn Sekunden später kam die Antwort: «Vielen Dank, Papa. Habe mich echt gefreut. Das ist sehr nett von dir. Wusste gar nicht, dass du diese Abkürzung kennst und benutzt, hdl.»

Seitdem überlege ich verzweifelt, was ich ihr da wohl geschrieben haben könnte. Möglicherweise werde ich es nie erfahren.

Menu à la sanitaire

Der Taxifahrer, der mich von Emmelshausen nach Boppard bringt, ist Maurer. Oder andersrum. Zumindest leitet er, während er die erstaunlich engen Serpentinen des Hunsrück einhändig runterrast, nebenher auch noch eine Baustelle.

«Ja, mach noch mal ein bisschen Wasser in den Mischer und stell auf zwei. Ich bin in zwanzig Minuten da, dann können wir den Beton aufgießen.»

Ist das die Zukunft? Werden wir bald alle zwei Jobs haben und die auch noch parallel ausüben müssen, um über die Runden zu kommen?

Wer weiß, womöglich muss ich mir demnächst bei Auftritten so einen Grillwalker-Grill umhängen und nebenher Bratwürstchen verkaufen. Das stört nicht sehr doll beim Vorlesen und wäre ein attraktiver Zuverdienst. Ich bin zwar kein sonderlich guter Griller, aber wem es nicht schmeckt, dem kann ich ja eine zweite Wurst gratis anbieten.

Anderes Beispiel: Als vor ein paar Wochen in einem Hotel in Binz die Toilette defekt war, stand kurze Zeit später der Koch aus dem Restaurant vor der Tür. In voller Kochmontur. «Wundern Sie sich nicht, ich bin eigentlich Installateur, aber da hab ich nichts gefunden, und jetzt koch ich eben.» Was soll man davon halten? Wird einem demnächst der Chirurg kurz vor der Operation mitteilen: «Wundern Sie sich nicht, ich bin eigentlich Fliesenleger, aber wegen der Knie ging das nicht mehr, und jetzt operier ich eben. Und? Haben Sie sich schon ein Muster für die Narbe ausgesucht? Wäre gut, wenn wir das wüssten, bevor wir sie dann wieder verfugen.» Die Tochter erging sich später in Phantasien, wie sie unten, im Hotelrestaurant der durchaus gehobenen Preisklasse, die Gäste ansprechen würde. «Schmeckt es Ihnen? Sieht lecker aus. Stellen Sie sich vor, vor zwanzig Minuten hat der Koch noch unsere Toilette repariert. Ein Tausendsassa, was? Ich bringe ihm nur seine Löffel. Die hat er bei uns vergessen.» Seitdem gibt es in unserer Familie die stehende Wendung: «Hmmm, das schmeckt ja wie vom Sanitärfachmann zusammengeschraubt.»

Mein Taxifahrer hat sein Baustellengespräch mittlerweile beendet. Telefoniert aber schon wieder. Diesmal berät er offensichtlich jemanden in puncto Riester-Rente. «Mach dir keine Sorgen. Und wenn das mit der Riester-Rente wirklich alles den Bach runtergeht, kannste dann ja immer noch bei uns ein bisschen Taxi fahren. Das geht auch mit achtzig oder neunzig noch.»

Das stimmt. So einen Fahrer hatte ich kürzlich erst. In Koblenz. Näher an den neunzig als an den achtzig, würde ich schätzen. Hat die ganze Zeit vor sich hin gesummt. Wahrscheinlich um zu signalisieren: «Ich sehe zwar nicht so aus und wirke vielleicht auch nicht so, aber ich bin nach wie vor am Leben und kann durchaus noch pfeifende Geräusche machen. Solange Sie das Pfeifen hören, müssen Sie sich nicht sorgen. Außerdem kommt man auch mit knapp zwanzig Stundenkilometern ans Ziel.» Irritierenderweise hat er dann ungefragt an einem Friedhof gehalten und eine Weile in sich versunken nachgedacht. Schließlich ist er aber doch noch mal losgefahren.

Als ich in Boppard aussteige, zolle ich dem Fahrer Anerkennung, wie er so nebenbei noch eine Baustelle leitet. Er guckt komisch. «Wieso Baustelle?» Meint dann lachend:

«Ach, wegen des Betons. Denken Sie aber mal nicht, ich würde schwarzarbeiten. Das ist rein privat. Ich bin Pate bei der Hunsrücker Mafia, und wir wollen nur jemanden im See versenken. Deshalb der Beton.» Winkend fährt er davon. Bin beruhigt. Mafia gilt ja meines Wissens nicht als sozialversicherungspflichtiger Beruf.

Polizeikontrolle

Fahre mit dem Fahrrad den Kurfürstendamm runter. Die Fußgängerampel kurz vor dem Breitscheidtplatz zeigt Rot. Halte an, lasse die Fußgänger rüber. Als alles frei ist, fahre ich wieder los. Weit komme ich nicht. Direkt hinter dem parkenden Kleinlaster schießt plötzlich eine Kelle hervor. An der Kelle hängt eine Polizistin. Eine erstaunlich schöne Polizistin. So schön, dass ich mich tatsächlich bei dem äußerst dämlichen, reflexartigen Gedanken ertappe: Cool, die hält mich an! Noch überraschter bin ich, als sie mich sogar anspricht.

«Sie wissen, warum ick Ihnen angehalten habe?»

Kaum zu glauben, aber aus der zarten aristokratischen Gestalt tönt ein tiefes, schnoddriges Berliner Hochdeutsch-Brumm. Im Prinzip redet sie, als hätte sie einen Schnauzbart. Versuche, mir nichts anmerken zu lassen.

«Ähh, nein. Warum denn?»

«Na, die Ampel war noch tiiiief und entspannt auf Dunkelrot.»

«Auf Rot?»

«Ouhh jaa, rot wie der Bauch eines Engländers am Strand von Mallorca. Na, dit wird nisch billisch.»

Ich sollte mich konzentrieren. Mit Sicherheit kommt es jetzt auf jedes Wort an. Doch ich denke ausschließlich: Ein männlicher Polizist mit Schnauzbart, gefangen im Körper einer wunderschönen Frau – die Welt ist bunt. Sie jedoch knödelt in unbeirrt gelangweilter Routine weiter:

«Sind Se mit 'ner Verwarnung und sechzisch Euro einverstanden?»

Oha. Versuche ein sympathisches Lachen: «Wie, ich krieg da sechzig Euro für? Haha ... ha ... ha ...»

Sie lacht nicht.

«Und da kostet's ooch schon achtzisch Euro. Einverstanden?»

Schnell durchdenke ich meine Situation. Wenn ich jetzt mit so was anfange wie: Kind krank, Freundin schwanger, Opa liegt im Sterben – das wäre echt würdelos. Andererseits, was ist denn so schlimm an würdelos? Ist ja wohl meine Würde. Kann ich doch mit machen, was ich will, oder? Hm. Das sollte ich mir vielleicht merken, wenn mal wieder diskutiert wird, was sie denn wert ist, die Würde des Menschen. In meinem speziellen Fall beginnt da wohl bei so rund achtzig Euro Verwarnungsgeld der Verhandlungsspielraum. Wobei, eine solch schlichte Ausrede hört sie doch bestimmt alle naselang. Womöglich mache ich es mit so einem Versuch nur noch schlimmer. Aber wahrscheinlich ist es auch keine Lösung, sie weiter, wie jetzt schon eine ganze Weile, schweigend mit offenem Mund anzustarren.

Ihr Kollege tritt dazu. Ein älterer, großer, kräftiger Polizist mit wahrlich standesgemäßem Schnurrbart. Er grinst altväterlich und spricht: «Wollen Sie sich vielleicht doch noch zu der Sache äußern?» Allerdings in glockenheller, sanft melodiöser Sopranlage.

Vermute, das machen die mit Absicht. Oder wurden womöglich versehentlich ihre Stimmen vertauscht, heute früh, als sie beide ihre Dienststimme aus dem Spind genommen haben? Einfach verwechselt! Wer kennt das nicht? Oder sie sind Bauchredner. Beide. Zufällig beide Bauchredner, und nachdem sie ihren eigentlichen Traumjob im Varieté nicht bekommen haben, verwirklichen sie sich jetzt eben so. Bei der Polizei. Indem immer der eine für den jeweils anderen redet. Ja, die meisten Menschen mit ordentlichen Berufen tragen eben doch diese unerfüllte Sehnsucht nach einem Leben in Kleinkunst und Tingeltangel in sich. Sie würden nicht glauben, wie viele Kleinkünstler und Tingeltangler wiederum die tiefe Sehnsucht nach einem ordentlichen Beruf in sich tragen.

Die Polizistin reißt mich aus meinen Gedanken: «Sonst würden wa jetzt nämlisch schon ma die Anzeige uffnehmen. Dauert aber 'n bisschen.»

Einen ganz kurzen Moment denke ich noch: Ich sollte nicht sagen, was ich gleich sage. Aber da sage ich es leider auch schon. Sage also: «Ha, ich hab's genau gesehen! Als *Sie* gerade geredet haben, hat sich *sein* Schnurrbart bewegt!» Stille. Die beiden Polizisten starren mich an. Setze nach: «Erwischt!»

Weitere Sekunden vergehen, bis die Frau die Stille durchbricht: «Und da wär'n wa nu schon bei hundert Euro Verwarnungsgeld. Einverstanden?»

Verdammt. Also gut, mit einfachen Lösungen werde ich hier nicht weiterkommen. Ich muss doch was Besonderes machen. Etwas Brillantes. Unerwartetes. Taktischer Rückzug! Verkünde: «Einverstanden. Ich muss nur noch gerade ganz schnell telefonieren. Es ist wirklich wichtig.» Rufe Peter an, rede sehr laut, als er abnimmt: «Ja, hallo, Peter, ich habe etwas ziemlich Dummes und Schlimmes gemacht. Ich bin bei Rot über eine Ampel gefahren, und nun wird das dauern, weil eine Anzeige aufgenommen wird. Es geschieht mir aber auch recht. Du musst der Frau Schwirrat deshalb sagen, dass ich nicht rechtzeitig mit ihrem Antiallergiemittel da sein werde. Ja. Sie soll sofort einen Krankenwagen rufen, bevor jetzt ein Schock ...»

Peter würde vermutlich gern verwirrt schweigen. Da er das jedoch nicht kann, macht er stattdessen sein Verwirrtes-Schweigen-Geräusch, also: «Häh?»

Ich rede einfach weiter. «Ach, sie hat schon einen Schock? Oje, oje. Aber ich kann hier noch nicht los. Ich bin ja nun auch selber schuld.»

Peters Geräusch schwillt an.

«Nein, ich habe den Polizisten nicht gesagt, warum ich so schnell über eine rote Ampel gefahren bin ...»

Peters Geräusch implodiert.

«Weil das ja auch gar nicht ihre Aufgabe ist, sich so Zeug anzuhören. Die haben weiß Gott schon genug zu tun ...»

Die sehr große Hand des Polizisten kracht plötzlich auf meine Schulter. «Sofort auflegen!», summt er in mein Ohr. «Meine Güte, sagen Sie das doch gleich. Steffi, pack den Block weg, die Sache hat sich erledigt!»

Verkneife mir unter größter Anstrengung ein Grinsen. Taktischer Rückzug und Triumph! Denke, wenn das der alte Feldmarschall Blücher gesehen hätte, hätte ich jetzt einen Adelstitel und weitläufige Ländereien in Ostpreußen bekommen. Denke ich mal. Und eine Prinzessin zur Frau. Mindestens. Egal, mit was für einer Stimme die dann spricht. Versichere mich: «Dann kann ich also fahren?»

Er schüttelt den Kopf. «Nein, nein. Sie schließen das Rad an und fahren dann mit uns. Mit Blaulicht. Und wir kommen mit hoch, zu der Frau Schwirrat. Falls wir gleich weiter in die Klinik müssen. Wenn die Medikamente so spät kommen, ist mit einem allergischen Schock nämlich nicht zu spaßen. Ich kenn mich da aus.»

Vor meinem inneren Auge erscheint Feldmarschall Blücher, wie er befiehlt, Tipp-Ex erfinden zu lassen, damit er meinen Adelstitel wieder streichen kann. Dann schickt er mich nach St. Helena. Wo ich mir mit Napoleon ein Zimmer teilen muss. Er ruft mir noch höhnisch nach: «Na denn viel Spaß! Soll ja schnarchen, der Korse!»

Den Teil, wie ich Peter im Streifenwagen per SMS instruiere, er solle schnellstens der Schwirrat im zweiten Stock klarmachen, dass sie jetzt einen allergischen Schock spielen muss – den ich dann kuriere – mit als Pillen getarnten Tic Tacs – die mir Peter heimlich im Treppenhaus zusteckt – aber erst nachdem Frau Schwirrat während der Behandlung flüsternd hundert Euro und dreimal Fensterputzen als Gegenleistung aus mir herausgehandelt hat –, den Teil überspringe ich jetzt mal komplett.

Immerhin waren die beiden Polizisten zufrieden. Sehr zufrieden sogar. Also spätestens, als sie mich zu meinem Fahrrad zurückgebracht hatten und die wunderschöne Frau sagte: «So, da wäre denn ja jetzt noch die Anzeige, ne.»

Ich starre sie entsetzt an.

Sie aber referiert in geschäftsmäßiger Freundlichkeit: «Also den Täuschungsversuch mit die alte Frau und die Allerjie, den schenken wa Ihnen. Zumal mein Kollege ja ooch gleich zu mir jesagt hat: Ne, lass uns da doch einfach mal hinfahren und kieken, was er macht. Dit wird bestimmt lustig. Und war's denn ja auch. Aber escht, kann man nich meckern! Können wa noch lange von erzählen! Aber die Fahrten müssen wa Ihnen natürlisch berechnen. Denn sagen wa mal: hundertfuffzisch! Einverstanden?»

Ich nicke, schließe die Augen und höre schon den schnarchenden Korsen.

Als ich einmal fast Tarzan war

Frau Schwirrat, die gut siebzigjährige Mieterin aus dem vierten Stock des Vorderhauses, ist für ein paar Tage bei Verwandten. Sie hat mir ihren Schlüssel gegeben, damit ich einmal täglich ihren Kater füttere. Da sie angeboten hat, dies mit anderthalbmal Fensterputzen zu verrechnen, konnte ich schlecht ablehnen. Dann wären wir endlich quitt. Denn einmal hatte ich tatsächlich ihre Fenster geputzt, und das andere Mal durfte ich mit den Schulden meines Nachbarn Rüdiger verrechnen. Allerdings fand Frau Schwirrat im Nachhinein, dass Rüdigers Arbeit maximal ein halbes Fensterputzen wert war, da dieser nicht nur viel schlechter als ich putze, sondern dabei auch nachlässiger gekleidet war und es ihr überhaupt sehr viel weniger Freude bereite, ihm beim Putzen zuzusehen als mir.

Es war irritierend, feststellen zu müssen, wie sehr ich insgeheim darauf stolz war, nicht nur ein besserer Fensterputzer als Rüdiger zu sein, sondern auch noch eine deutlich attraktivere Figur dabei abzugeben. Das war der Moment, in dem ich anfing, mich heimlich beim Putzen im Spiegel zu beobachten. «Mittelalte Männer, die sich beim Putzen heimlich selbst im Spiegel beobachten und daran erfreuen. Ein gesellschaftliches Tabuthema, das zu Recht totgeschwiegen wird.» Das sollte ich mir merken, falls ich demnächst mal wieder gefragt werde, ob es auch Themen gibt, die ich beim Schreiben meide.

Frau Schwirrats Schlüssel habe ich aber dennoch nur ungern entgegengenommen, da ich schon mehrfach erleben durfte, wie ungehalten Katzen werden können, wenn man ihnen neues Personal zuteilt.

Frau Schwirrat jedoch ist eine weltgewandte Frau und weiß natürlich um das Hierachiegefüge zwischen Mensch und Katze. Daher benennt sie ihre Kater auch schon seit Jahren nach den gerade Regierenden Bürgermeistern. Wobei die Tiere natürlich länger leben, als die Stadtoberen im Amt sind. Das ist auch bei Herrn Wowereit nicht anders. Zudem hat Frau Schwirrat noch eine weitere Idee: «Rufen Sie mich einfach auf dem Handy an, wenn Sie in die Wohnung gehen, und legen Sie Kläuschen dann den Hörer hin. Das beruhigt ihn, freut mich, und Sie können sich in Ruhe um die Pflanzen und das Futter kümmern.»

Während der Ex-Regierende also vor dem Telefon liegt und der sanft aus dem Gerät tönenden Stimme seiner Sekretärin lauscht, erledige ich meine Aufgaben. Dann übernehme ich noch mal kurz das Gespräch.

«Ich hab auch gleich ordentlich gelüftet. Das war echt mal nötig.»

«Oh, da müssen Sie aufpassen. Wenn alle Fenster offen stehen, gibt das gewaltig Durchzug. Das ist nicht gut für Herrn Wowereit.»

Denke: Na ja, das bisschen Wind wird den rüstigen Politrentner schon nicht umbringen. Lüge jedoch sozialkompetent: «Jaja, natürlich, ich hab auch schon wieder zugemacht.»

«Ach, und könnten Sie noch kurz in mein eBay-Konto schauen und mir später eine SMS schreiben, ob ich die Prince-Bootlegs aus Minneapolis gekriegt habe? Da gibt's einen Zettel mit Usernamen und Passwörtern und so. Der ist ...»

Höre gar nicht weiter zu, denn ich sehe ihn schon direkt neben dem Computer liegen. Unfassbar. Ein loses DIN-A4-Blatt mit einer Unmenge sauber aufgelisteter und zugeordneter Benutzernamen, Geheimzahlen, Passwörter, Keycodes, einfach allem. Für jedermann sichtbar neben dem Rechner. Die Schwirrat redet immer noch. Falle ihr ins Wort.

«Ich hab ihn schon gefunden. Aber hören Sie mal, das ist sehr unvorsichtig. Diese ganzen Zugangsdaten alle unverschlüsselt auf einem DIN-A4-Blatt.»

«Ach, was kann mir schon einer wegnehmen? Früher hab ich ständig meine Passwörter vergessen, nicht wiedergefunden, verwechselt. Das hat richtig genervt. Jetzt hab ich dafür *einen* Zettel, und gut ist.»

«Sie haben diesen Zettel nur einmal?»

«Natürlich.»

«Das ist ja doppelt gefährlich. Stellen Sie sich vor, der kommt weg.»

«Ach, wieso sollte der wegkommen?»»

Ein gewaltiger Durchzug erfasst den Zettel, der durchs Fenster schießt, zwei-, dreimal durch die Luft tänzelt und schließlich in der großen Linde vor dem Haus hängen bleibt.

Sage: «Ja, wieso eigentlich? Äh, ich muss jetzt auflegen. Habe doch noch mehr zu tun, als ich dachte.»

Sie lacht: «Jaja, wahrscheinlich wieder Papierkram, was?»

«Ja. Papierkram trifft es ziemlich gut. Also Zettelkram, genau genommen. Egal. Tschüss!»

Lege auf.

Der Baum ist nicht weit weg. Ich könnte da reinspringen und den Zettel holen. Aber ich würde nie wieder vom

Baum runterkommen. Die Feuerwehr? Für einen popeligen Zettel? Die fühlen sich doch veräppelt. Wenn ich jedoch reinspringe, müssten die mich retten. Andererseits wäre das aber auch ziemlich peinlich. Hole die Katze. Die wehrt sich zwar mit Pfoten und Pfoten. Aber hilft ja nichts. Werfe sie in den Baum. Rufe dann die Feuerwehr an. Wenn die kommen und die Katze retten, werde ich sie einfach bitten, den Zettel gleich mitzunehmen. Bin selbst beeindruckt, wie schnell ich einen so einfachen und doch brillanten Plan entwickeln kann. Feuerwehr sagt, sie kommen, aber womöglich nicht sofort. Katze im Baum hat nicht die allerhöchste Priorität. Sage, das versteh ich gut.

Rufe Herrn Wowereit zu, es täte mir ehrlich leid, aber die Feuerwehr schätzt andere Leben höher ein als seins. An seiner Stelle würde ich mich da gar nicht drüber ärgern. Bringt ja nichts. Der Ex-Regierende ignoriert meinen Rat. Faucht mich wütend, feindselig an. Wird wahrscheinlich seinen gesamten noch verbliebenen politischen Einfluss gegen mich geltend machen, wenn er wieder drinnen ist.

Sirenen, die Feuerwehr! Oh, das ging jetzt aber doch schnell. Die Katze erschrickt, macht dann drei Sätze und springt durchs offene Fenster zurück in die Wohnung.

Verdammt, ein zweites Mal lässt die sich jetzt garantiert nicht fangen. Also zumindest nicht von mir. Aber die Feuerwehr wird jede Sekunde hier sein. Wenn außer dem Zettel nichts mehr im Baum ist, fahren die doch sofort wieder. Erkenne, dass ich keine andere Wahl habe. Auch wenn es mir überhaupt nicht gefällt: Ich werde springen müssen und später einfach sagen, das Tier habe mir so leidgetan. Da ich nicht wusste, wann die Feuerwehr eintrifft, hätte mir mein Gewissen befohlen, meinen Platz mit dem Tier zu tauschen. Also selbst in den Baum zu springen und es zu befreien, indem ich es zurück in die Wohnung werfe. Keine schöne, komfortable Lösung, aber so bin ich am Ende immerhin ein Held. Irgendwie auch besser als nix.

Atme tief durch, schließe die Augen und springe. Erreiche gerade so einen kräftigen Ast. Der knackt, hält aber. Dann Schmerz, habe plötzlich den Verdacht, dass das gar nicht der Ast war, der da geknackt hat. Überall Schmerzen, habe mir alle Muskeln gezerrt, sämtliche Steiße geprellt und hunderte Knöchel verknackst. Öffne die Augen. Sehe, dass ich tatsächlich höchst unvorteilhaft in diesem Baum hänge. Dem hohen Baum. Jetzt wird mir auch noch schwindelig. Und schlecht. Unglaublich schlecht. Passiert das eigentlich häufig, dass zu rettende Personen sich auf den Feuerwehrmann, der auf dem Weg hoch zu ihnen ist, übergeben müssen? Hätte nie gedacht, dass ich über so was mal nachdenken würde. Halte das hier keine zwei Minuten mehr aus, will bloß noch gerettet werden, gerettet werden, gerettet …

Höre, wie die Feuerwehr unten vorbeifährt.

Verdammt. Die waren dann wohl doch nicht auf dem Weg hierher. Wahrscheinlich hat irgendein Spinner seine Wohnung in Brand gesteckt. So ein Arsch. Nicht zu fassen, wie unvorsichtig manche Idioten hier in der Stadt sind!

Herr Wowereit sitzt im Fenster und schaut sehr zufrieden zu mir rüber. Ganz so, als wolle er sagen: Und morgen mach ich dich auch noch zum Flughafenchef. Will das Beste aus der Situation machen und wenigstens den Zettel retten. Greife nach ihm, der löst sich und segelt langsam zu Boden. Ein Passant hebt ihn auf.

Rufe: «Hallo, könnten Sie den Zettel bitte einfach in den Briefkasten bei Evers werfen?»

Er antwortet: «Sind das alles Geheimzahlen und Passwörter?»

«Werfen Sie den bitte einfach in den Briefkasten.»

«Hören Sie, das ist aber sehr gefährlich, die alle auf einem Zettel stehen zu haben.»

«Ich weiß. Bei Evers in den Briefkasten.»

«Und da oben in dem Baum rumzuklettern ist auch sehr gefährlich. Stellen Sie sich vor, Sie fallen auf jemanden drauf. Was dem alles passieren kann. Was Sie machen, ist Ihre Privatsache. Meinetwegen können Sie die ganze Nacht da oben in dem Baum sitzen und sich für Tarzan halten. Aber Sie gefährden auch die Menschen hier auf dem Bürgersteig.»

«Ja, auch das ist mir bewusst. Es tut mir sehr leid, dass ich in diesem Baum hänge. Das können Sie mir glauben.»

«Haben Sie überhaupt eine Genehmigung dafür, da in dem Baum zu hängen?»

«Brauche ich dafür eine Genehmigung?»

«Keine Ahnung. Haben Sie denn keine?»

«Nein. Das war jetzt eher so ein spontaner Entschluss.»

«Na wunderbar. Da weiß ich aber nicht, wie das dann mit Ihrem Versicherungsschutz ist, wenn Sie nicht mal eine Genehmigung haben. Womöglich zahlt dann auch die Haftpflicht nicht. Das kann ein teurer Spaß werden, was Sie da machen.»

«Könnten Sie nicht einfach den Zettel einwerfen?»

«Sie haben Glück. Ich vermittle Versicherungen. Individuell zugeschnitten. Wenn wir eine Einigung finden, werfe ich Ihnen auch den Zettel in den Briefkasten.»

Nachdem ich vor Zeugen, also einer Mutter mit Kinderwagen, die auch noch zufällig vorbeikam, mündlich eine Versicherung bei ihm abgeschlossen habe, wirft er endlich das Geheimwörterblatt in den Briefkasten. Mehrere Stunden später befreit mich die Feuerwehr. Ich bin überrascht, als ich kurz darauf feststelle, das in den vielen Stunden, die ich in diesem Baum gehangen habe, offensichtlich auf den Uhren aller anderen Menschen dieser Dimension nur fünfundvierzig Minuten vergangen sind. Offensichtlich saß ich nicht nur zehn Meter über dem Boden, sondern auch noch in einem Riss des Raum-Zeit-Kontinuums fest.

Zurück in der Wohnung, grinst Herr Wowereit so zufrieden wie bei seiner Rücktrittserklärung. Doch zumindest habe ich die Liste gerettet. Dafür hat sich das Ganze ja wohl gelohnt. Wenn nun wenigstens das eBay-Passwort funktionieren würde. Tut es allerdings nicht. Rufe Frau Schwirrat an. Sie lacht.

«Ach, der Zettel neben dem Computer. Nein, der ist natürlich nur Fake, um Einbrecher zu verwirren. Die richtige Liste ist schon in einem Umschlag in der Schublade. Das hatte ich aber doch auch alles so erklärt. Offen neben dem Computer? Das wäre doch viel zu gefährlich. Da sollten Sie übrigens auch vorsichtiger sein …»

Wie recht sie hat.

Nazi-Heidelbeeren

Samstagvormittag. Stehe im Supermarkt und schaue gedankenverloren auf das Obst- und Gemüseregal. Die Freundin hat mich gebeten, Heidelbeeren mitzubringen. Jedoch dürfen sie keinesfalls aus Übersee kommen. Wegen der Umwelt, der Ressourcen und natürlich mal überhaupt. Versuche daher herauszukriegen, woher die Heidelbeeren sind. Im Prinzip verstehe ich ihre Bedenken vollkommen. Sie hat absolut recht. Selbstverständlich. Wie meistens. Eigentlich immer. Insbesondere global gesehen. Wenngleich man einwenden könnte: Jetzt sind die Beeren ja schon mal hier. Sie jetzt nicht zu kaufen und zu essen, nachdem sie schon den langen Weg aus Übersee hinter sich haben, wäre nun auch Verschwendung. Und sie wieder nach Übersee zurückzuschicken, sicherlich noch dämlicher. Zudem sind auch regionale Produkte nicht immer unumstritten.

Beispiel: Eine weitläufige Bekannte in einem noch weitläufigeren Teil Brandenburgs hat dort tatsächlich Ärger mit einem Nazi-Biobauern. Sehr unerfreuliche Geschichte. Er bekennt sich recht offen, macht entsprechende Veranstaltungen, liebäugelt sogar damit, für Ämter zu kandidieren. Bekannte piesacken ihn mit Flugblättern à la «Obst und Gemüse aus der Region. Unbehandelt, dafür aber mit vielen braunen Stellen». Dazu gezeichnete Kartoffeln mit Hitlergruß und ein Fenchel, dessen Grün wie eine Hakenkreuzfrisur aussieht. Eigentlich ganz schön gemacht, hat aber wohl trotzdem einigen Ärger gegeben.

Nun frage ich daraufhin die Freundin: «So, mal angenommen, ich habe jetzt im Supermarkt nur die Wahl zwischen weitgereisten Übersee-Heidelbeeren und regionalen Nazi-Heidelbeeren. Was ist da besser? Was soll ich denn dann deiner Meinung nach nehmen?»

Sagt sie: «Erdbeeren. Und zwar möglichst ortsansässige, basisdemokratisch selbstverwaltete.»

Eine außerordentlich attraktive Frau auf der anderen Seite des Obstregals spricht mich an: «Hallo?»

Ich erschrecke.

«Äh, ja?»

«Starren Sie mich an?»

«Was? O nein. Ich war nur in Gedanken. Also habe überlegt, woher wohl die Heidelbeeren kommen. Sie wollte ich nicht anschauen.»

«Sie wollten mich nicht anschauen?»

«Doch. Natürlich. So meinte ich das nicht. Ich ... äh ... nein, also ich würde Sie ohne Weiteres sehr gerne anschauen. Wer nicht? Offen gestanden würde ich Sie sogar gerne anstarren. Selbstverständlich nicht anzüglich. Also nur so starren, dass Sie es nicht merken oder sich belästigt fühlen. Sprich eben so, dass keiner denkt, der andere wäre gestört ...»

Während ich mein hektisch-hilfloses Gestammel ebenso leidend wie überrascht verfolge, lächelt die Frau schon wieder. Sehr nett und souverän.

Ein Mann, der offensichtlich zu ihr gehört, tritt hinzu. Er hingegen schaut außerordentlich feindselig. «Was ist denn hier los?»

Die Frau sagt: «Nichts», dreht sich weg und will weiterziehen. Er aber rührt sich nicht und fixiert mich mit stechendem Blick. Ich will ihn beruhigen. «Machen Sie sich keine Gedanken. Da war wirklich nichts. Ich habe nur Ihre Frau angestarrt.»

«Was?»

«Aus Versehen. Natürlich. Aus Versehen angestarrt. Also ich versichere Ihnen, während ich Ihre Frau angestarrt habe, habe ich an nichts anderes als an Heidelbeeren und Nazis gedacht.»

Er bleibt misstrauisch. Meint plötzlich: «Ich kenn Sie doch irgendwoher!»

Oh, bitte nicht. Versuche, abzuwehren. «Nein, das kann gar nicht sein. Sie verwechseln mich.»

«Doch, doch, garantiert. Ich kenne Sie irgendwoher.»

Es hilft nichts. Beschließe, die Situation lieber aufzulösen, bevor alles noch blöder wird: «Na ja, waren Sie in den letzten Jahren vielleicht häufiger mal in Köln?»

Er horcht auf. «O ja, ich war und bin sogar sehr häufig und regelmäßig in Köln.»

«Ach, dann weiß ich, dann kennen Sie mich daher.»

Er wirkt zufrieden, nickt fröhlich: «Sehen Sie! Hatte ich nämlich doch recht.»

«Ja, das stimmt. Ich habe da wirklich lange Jahre in diesem Puff gearbeitet. Dem Bordell in Mühlheim, hinterm Tresen. Daher kennen wir uns!»

Stille. Stillste Stille kehrt ein im Supermarkt. Es ist, als könnte man eine Heidelbeere fallen hören. In den Kopfsalat. Der Mann hat aufgehört zu nicken. Er wirkt jetzt verkrampft. Man erkennt, wie es in ihm rattert. Panik flackert in seinen Augen. Klar, er will jetzt unbedingt eine gute, kluge und souveräne Antwort geben. Mich irgendwie als Lügner entlarven. Aber wie? Zudem muss die Antwort schnell kommen. Sehr schnell! Man sieht förmlich, wie sich die Gedanken rasend durch seinen Kopf drehen, fast wie die Räder eines Glücksspielautomaten. Dann, in größter Anspannung und völliger Verzweiflung, drückt er einfach auf Stop. Doch die drei Sätze, bei denen die rotierenden Gedanken seines Glücksspielautomatengehirns stehenbleiben, lauten tragischerweise:

«So ein Quatsch. Sie Lügner. Da war doch gar kein Tresen!»

Leider verloren. Und zwar, grob überschlagen: alles. Die Antwort hallt kurz nach. Er schaut mich an. Schaut seine Frau an. Hält inne und verlässt dann fluchtartig den Supermarkt. Es ist fast, als bliebe eine Staubwolke zurück.

«Uruguay!», sagt die Frau zu mir.

«Bitte?»

«Die Heidelbeeren kommen aus Uruguay.»

«Ach so. Waren Sie da schon mal?»

«Warum? Haben Sie da auch im Bordell gearbeitet?»

«Mir tut das wirklich alles sehr leid.»

«Das glaub ich Ihnen nicht.» Sie lacht. «Aber wer weiß, wofür das Ganze gut war. Wir hatten tatsächlich gerade ein paar Meinungsverschiedenheiten in einigen richtig wichtigen Fragen. Jetzt wird er erst mal ein dermaßen schlechtes Gewissen haben, dass da wohl alle Entscheidungen zu meinen Gunsten ausfallen. Und dann muss man mal sehen.» Erstaunlich gutgelaunt verschwindet sie zwischen den Regalen.

Ich bleibe erneut starrend, sinnierend zurück. Bis ich angerempelt werde. Von einem Mann mit Einkaufswagen, der mich daraufhin laut anpöbelt:

«Mannmannmann! Was stehen Sie denn hier so blödsinnig, drömelig rum? Wollen Sie gucken, wer schneller schlecht wird – das Obst oder Sie?»

Er erntet damit, wie wohl gewünscht, durchaus Aufmerksamkeit. Bemerke, wie andere Kunden uns erschrocken anstarren. Erwidere:

«Sagen Sie, kenne ich Sie nicht irgendwoher? Waren Sie womöglich schon häufiger mal in Köln?»

Er strahlt.

«Tatsächlich. In Köln war und bin ich oft, sehr oft!»

Ich lächle, denn er wird nicht mehr lange strahlen. Denke, mit dem richtigen Satz für den Notfall kann selbst das Einkaufen im völlig überfüllten Supermarkt am späten Samstagvormittag manchmal richtig Spaß machen.

Der kategorische Imperativ ist keine Stellung beim Sex

Wenn ich meinen Computer einschalte, werden mir ungefähr dreißig verschiedene WLAN-Netze aus der Nachbarschaft angezeigt, die quer durch meine Wohnung strahlen. Früher hießen die meisten davon wie ihre Geräte: Fritzbox, Speedport, Horstbox und so weiter. Mittlerweile jedoch haben praktisch alle persönliche Namen und werden immer häufiger auch als eine Art Schwarzes Brett für Mitteilungen an die Nachbarn genutzt. So heißt eines zum Beispiel:

«Beim Ficken bitte die Fenster zum Hof schließen!»

Ein anderes:

«Habe Hunger. Wer kocht?»

Was später umbenannt wurde in:

«Tausche Mann gegen warme Mahlzeit.»

Manche Netznamen sind freundlich, optimistisch: «Kopf hoch!», «Nur Mut!». Andere weniger: «Wir werden alle sterben».

Manchmal mache ich auch kleine Spiele. So heißt beispielsweise ein Netz «Keine Ahnung», ein anderes «Kein Netz». Also nenne ich meines «ist das neue» und hoffe, dass sie irgendwann zufällig so in der Reihenfolge untereinanderstehen, dass man liest: «Kein Netz ist das neue keine Ahnung». Und wenn das passiert, freue ich mich. Völlig sinnlos, manchmal muss ich mehr als zwanzigmal die Netzsuche neu durchlaufen lassen. Aber wenn es endlich klappt, habe ich Spaß. Immerhin.

Auch wenn das natürlich ein Humor ist, der einen manchmal sehr einsam wirken lässt. Ein paar Netzbetreiber aus meiner Nachbarschaft kenne ich. Von den meisten jedoch weiß ich nicht mehr als ihren WLAN-Namen. Moderne anonyme Kommunikation. Als wir die technischen Möglichkeiten noch nicht hatten, funktionierte sie anders.

Vor rund fünfundzwanzig Jahren war ich bei einem Freund in Münster zu Besuch. Da seine Wohnung extrem klein war, schlief er jedoch bei der Freundin, und ich war nachts allein in seinem Zimmer. Als ich dort gegen Mitternacht auf dem kleinen Balkon saß und rauchte, betrat nach kurzer Zeit auch jemand den Balkon darüber. Obwohl wir uns nicht sehen konnten, spürten wir doch gegenseitig unsere Anwesenheit. Irgendwann sprach er deutlich hörbar einfach so in die Nacht hinein.

«Ich habe einen total schnuckeligen, aber völlig betrunkenen und wehrlosen Typen mit nach Hause genommen. Der ist jetzt im Badezimmer. Ist es okay, seinen Zustand auszunutzen?»

Eine schwierige Frage. Zumal ich beide Männer nie gesehen hatte, geschweige denn kannte. Daher entschloss ich mich für einen ewig gültigen Klassiker und redete gleichfalls einfach so in die Nacht:

«Handle nur nach derjenigen Maxime, durch die du zugleich wollen kannst, dass sie ein allgemeines Gesetz werde.»

Ein Räuspern auf dem oberen Balkon. «Ich weiß nicht recht, was ich von diesem Rat halten soll.» Da ertönte noch eine – leicht verärgerte – weibliche Stimme vom Balkon unter mir:

«Meine Güte, er rät dir zum kategorischen Imperativ.»

Wortlos erhob sich der Mann, ging zurück in die Wohnung und schloss die Balkontür. Ich tat es ihm gleich. Als ich rund anderthalb Stunden später für die Gute-Nacht-Zigarette noch mal heraustrat, konnte ich hören, wie er wieder auf dem Balkon über mir saß.

«Und?», fragte ich ins Dunkel der Nacht.

Ein kurzes Husten, dann die Antwort. «Ich habe ihn auf den kategorischen Imperativ angesprochen. Ein wenig lallend zwar, aber doch gut zu verstehen meinte er, der kategorische Imperativ sei kein Problem für ihn. Im Gegenteil, der kategorische Imperativ sei sogar seine Spezialität.»

Stille. Bis wieder die immer noch genervt klingende weibliche Stimme von unten erklang:

«Meine Herrschaften. Der kategorische Imperativ ist keine Stellung beim Sex.»

Doch der Mann oben antwortete sehr entspannt:

«Ich weiß, aber: Ist egal, war trotzdem toll!»

Bis heute habe ich keine Ahnung, wer die beiden Menschen waren, mit denen ich in jener Nacht sprach. Nähe durch Anonymität gab es auch schon lange vor dem World Wide Web. Sie war und ist besser als ihr Ruf.

Die gechillte Ethikkommission

Sitze im 19er Bus. Mein Käsebrötchen aus der Bäckerei ist irgendwie ziemlich versalzen. Denke: Wie kann einem denn so etwas passieren? Ein Käsebrötchen zu versalzen? Die zwei vielleicht dreizehnjährigen Jungs, die vor mir sitzen, unterhalten sich über die Fifa. Also genau genommen über die Fifa-Ethikkommission. Mannmannmann, auch so eine Sache. Also ich kenne einen Fleischer, der ist Vegetarier. Und einen Buchhändler, der selbst eigentlich immer auf die Verfilmungen wartet. Und natürlich gleich mehrere Friseure mit Vollglatze. Das alles ist schon ziemlich seltsam. Aber nichts, wirklich nichts ist meines Erachtens so absurd wie eine Fifa-Ethikkommission.

Einer der beiden Jungs spricht nun ins Handy, sagt, dass sie unterwegs nach Kreuzberg seien. Also tatsächlich sagt er, «sie würden BVG-mäßig Richtung Kreuzberg chillen». Das klingt für mich wie Fifa-Ethikkommission. Entweder man chillt, oder man hängt mit den Berliner Verkehrsbetrieben (BVG) ab, weil die zufällig denselben Weg haben wie man selber. «BVG-mäßig Richtung Kreuzberg chillen» geht eigentlich nicht.

Früher hätte man das ohnehin anders formuliert. Unsere sprachlich sensiblere Generation hätte das vermutlich sehr viel gediegener und präziser ausgedrückt: «Bin 19er Bus und gleich da, Keule!» So sprach seinerzeit der urbane Philologe.

Keule sagt heute auch keiner mehr. Heute sagt man «Digger» oder «Bitch». Das liegt an der Globalisierung. Wobei, ich habe mir sagen lassen, diese Begriffe sind auch nur noch zulässig, wenn man sie geschlechtsübergreifend einsetzt. Also Frauen «Digger» und Männer «Bitch» nennt. Das wiederum wegen der Gender-Hygiene. Gender-Hygiene freilich ist kein Begriff aus der Jugendsprache, sondern einer aus den Talkshows. Gender-Hygiene hatten wir früher auch nicht. Beziehungsweise man hat uns eben nichts davon gesagt. Aber was hat man uns denn überhaupt gesagt? Nichts. Uns hat man damals ja eigentlich kaum verraten, dass es unterschiedliche Geschlechter gibt. Doch wir haben es trotzdem rausgekriegt. Alles haben wir rausgekriegt. Über alle Geschlechter. Komplett. Weil wir Interesse hatten! Noch neugierig waren!! Nicht nur den ganzen Tag mit unseren Handys rumgespielt haben. Gut, okay. Wir hatten natürlich früher auch keine Handys, in die wir unsere Sätze säuseln konnten. Damals, in der Keulenzeit. Gab's alles nicht. Wir mussten unsere Sätze noch aus dem Bus von einem Bezirk bis in den nächsten schreien. Von Schöneberg bis Kreuzberg schreien. Schaffte man oft gar nicht. Weshalb der, der es gehört hat, das dann weitergeschrien hat bis zum Nächsten, der es wieder weitergeschrien hat zum Übernächsten und dann immer so fort – bis der Satz in Kreuzberg war. Also wenn man eine gute Schrei-Netz-Abdeckung hatte. Damals klang die Stadt noch anders. War nicht immer nur schön!

Die beiden dreizehnjährigen Jungs starren mich plötzlich irgendwie seltsam an. Auch die anderen Fahrgäste gucken komisch. Mich beschleicht ein unangenehmer Verdacht. Frage leise: «Jungs, habe ich womöglich das, was ich gerade gedacht habe, versehentlich relativ laut gedacht?»

Die beiden Jungs nicken schüchtern, einer sagt: «Allerdings, Keule.»

Schaue mich um. Denke, gäbe es eine BVG-Bus-Ethikkommission und ich wäre der Sepp Blatter der BVG-Bus-Ethikkommission, dann würde ich sagen: «Mir ging es immer nur ums Busfahren. Die Schönheit und Zukunft des Busfahrens an sich. Nie um mich oder mein persönliches Vorankommen. Nur der Natur des Busfahrens habe ich mein Leben gewidmet.» Meine Güte, dieses Käsebrötchen ist aber wirklich extrem salzig, das wird ja immer schlimmer.

Einer der Jungs weist mich darauf hin, dass ich immer noch laut denke. Verdammt. Wenn das schon den ganzen Tag so ist, dass ich alles, was mir durch den Kopf geht, laut ausspreche, dann …

Erinnere mich, wie die Bäckereifachverkäuferin meinte, sie hole mein Käsebrötchen mal lieber von hinten, so sei es ganz frisch. Und ich, nachdem sie sich umgedreht hatte, dachte: Na, die hat über die Feiertage aber schön ein paar Pfunde zugelegt, was? Wittere einen Zusammenhang. Höre auf der Stelle auf zu denken.

Berliner Dialoge (Folge 17)

An der Bushaltestelle. Ein Paar um die fünfzig sitzt auf dem kleinen Bänkchen. Ihr scheint etwas auf dem Gemüt zu lasten. Zumindest wirkt sie, als wäre sie in großer Sorge. Das entgeht auch ihm nicht.

«Was hast'n?»

Sie seufzt.

«Du, sag mal, war ich da gerade in der Bäckerei zu freundlich?»

Eine Frage, die so wohl nur in Berlin in aller Normalität und Alltäglichkeit gestellt wird. Er antwortet vermutlich vollkommen aufrichtig:

«Wäre mir jetzt so gar nicht aufgefallen.»

Das beruhigt sie nicht.

«Doch, doch. Zweimal bedankt und dann noch 'nen schönen Tag gewünscht. Gemessen am Service war das doch vollkommen übertrieben.»

Er denkt angestrengt nach. Tröstet schließlich:

«Na ja, vielleicht haste ja Glück gehabt, und sie hat deine Nettigkeit gar nicht wirklich bemerkt.»

Sie nickt traurig.

«Wollen wa's mal hoffen.»

DAS VERTUN

> «Nichts auf der Welt ist so gerecht verteilt wie der Verstand. Denn jedermann ist überzeugt, dass er genug davon habe.»
>
> *René Descartes*

Signalstörung

Im ICE. Irgendwo zwischen Frankfurt und Mannheim kommt die Durchsage, dass wir rund fünfzehn Minuten Verspätung haben werden. Aufgrund einer Signalstörung. Vermutlich, denn die zweite Hälfte der Ansage geht bereits im lauten Geschrei unter. Gelangweilt schaue ich in den Waggon, um zu sehen, welcher der Mitfahrer ein so sinnloser Wüterich, sprich lästig unerfahrener Bahnfahrer ist. Zumeist sind ja die Verspätungen selbst weit weniger nervend als die Fahrgäste, die daraufhin mit ihren wilden Bahntiraden beginnen. Und tatsächlich ist der Wutausbruch rein inhaltlich betrachtet von geradezu klassisch-zeitloser Penetranz.

«O nee, schon wieder. Ständig. Ständig ist der zu spät. Dieser Zug. Ich hab so die Schnauze voll. Signalstörung! Was soll das sein? Ich geb gleich auch mal 'n Signal! Und dann seid ihr aber gestört, ihr Signaldödel!»

Doch irgendetwas ist ungewohnt. Ich brauche einen Moment, bis ich es begreife, dann wird mir klar: Der Schimpfer ist vermutlich gar kein unerfahrener Reisender. Sogar ziemlich sicher nicht. Denn es ist – der Schaffner.

Mit knallrotem Gesicht hüpft er nun auf und ab.

«Immer zu spät! Oder ständig. Ständig immer zu spät. Ich verstehe nicht, wieso wir das nicht hinkriegen! Was ist denn so schwer daran, einfach mal pünktlich zu sein?»

Die anderen Fahrgäste versuchen, ihn zu beruhigen. «So schlimm ist das doch gar nicht. Die paar Minuten.»

Der Schaffner aber bleibt außer sich.

«Paar Minuten! Paar Minuten! Wenn ich das schon höre.

Wir sind einfach zu blöd. Zu doof zum Pünktlichsein. Das sind wir! So sieht's doch aus!»

Ein älterer Herr legt sein Bahn-Witze-Buch zur Seite und sagt mit besänftigender Stimme:

«Jetzt sind Sie aber zu streng mit sich. Bei so einer gigantischen Logistik und Technik lassen sich Fehler ja nun gar nicht vermeiden. Das passiert einfach. Mit dem Auto steht man doch auch im Stau.»

Der Schaffner nickt dankbar, hat aber noch einen Trumpf im Ärmel:

«Und die Anschlusszüge? Wer verpasst denn jetzt alles wegen dieser Verspätung seinen Anschlusszug? Hm?»

Ein paar Reisende, unter anderem ich, melden sich schüchtern. Als der Zugbegleiter unsere Finger sieht, jault er auf. Höre mich zu meiner eigenen Überraschung stammeln:

«Ach, die – zwei – Stunden – in – Mannheim. Bei dem schönen Wetter. So ein Spaziergang durch – Mannheim … was kann's Schöneres geben? Nicht wahr?»

«Und Ihr schwerer Koffer?»

«Ach, so schwer ist der gar nicht. Im Gegenteil. Ich mache sowieso gerade Unterarm-Pilates. Da ist Rollkofferrollen quasi mein Beauty-Training.»

Das beruhigt ihn endlich. Als ich in Mannheim aussteige, rufe ich noch möglichst laut in seine Richtung: «Ah, endlich mal zwei Stunden, die allein Mannheim und mir gehören. Mannheim und ich. Da haben sich zwei gefunden. Wie schön!» Freue mich, dass er mir durch die sich schließende Tür zulächelt, und setze mich wegen des strömenden Regens in Gesellschaft eines extrem trockenen Brötchens in den Snack-Back im Bahnhof. Nehme mir eine Obdachlosenzeitung, die jemand liegengelassen hat. Blättere zu einem Artikel mit Businesstipps. Denke noch so: Warum stehen in einer Obdachlosenzeitung Businesstipps?, da lese ich schon Tipp fünf: «Wenn wirklich mal was schiefgeht, was Sie nicht ausbügeln können, beschimpfen Sie sich am besten möglichst laut selbst. Dann muss der Kunde das nicht mehr tun, wofür er Ihnen am Ende sogar dankbar sein wird.» Meine Güte, wer denkt sich bloß immer diese idiotischen Tipps in Zeitschriften aus? Welcher intelligente Kunde würde denn auf so eine durchsichtige Taktik reinfallen?

Ein Geschäftsreisender kommt vorbei, drückt mir zwei Euro in die Hand und nimmt sich die Zeitung. Renne ihm nach. Sage: «Tut mir leid, aber das ist ein Versehen.»

Er starrt mich an: «Wieso?»

Antworte: «Ist teurer geworden. Die Zeitung. Kostet jetzt drei Euro.» Dann beschimpfe ich den Verlag, das Universum und mich wegen der ständigen Preiserhöhungen. Er tröstet mich, fragt, ob ich auf einen Zehner rausgeben kann. Sage, ich hab nur Hunderter, aber ich geh wechseln im Schlemmer-Kaiser. Das dauert ihm zu lange. Na gut, dann eben andersrum. Gebe ihm stattdessen aufs Geld Zeitung raus. Zerreiße die Ausgabe und reiche ihm so viel, wie ihm für zwei Euro zustehen, sprich rund zwei Drittel der Seiten. Als er doch noch dreißig Cent findet, reiße ich ihm noch mal ein Stückchen von meinem Drittel ab. Es gerät mir etwas zu groß. Lächle daher und sage: «Stimmt so.» Er scheint zufrieden.

Zurück im Snack-Back hat sich mittlerweile eine Frau mit einer Tasse Kaffee an meinen Tisch gesetzt. Bin längst so ausgelassener Stimmung, dass mir alles egal ist, und beschließe zu flirten. Setze mich zurück zu meinem Brötchen neben ihr und flöte sympathisch sinnbefreit: «Hm, sieht nach Regen aus, was?» Sie schaut auf ihren Becher, antwortet: «Ja, finde ich auch, soll aber wohl trotzdem irgendwie Kaffee sein.» Beginne, mich laut dafür zu beschimpfen, wie ich so blöd sein kann, eine so nette, kluge und attraktive Frau mit einem derart dummen Satz anzusprechen. Und tatsächlich funktioniert es erneut. Also fast. Die Frau tröstet mich zwar nicht, aber sie teilt ihren Kaffee mit mir. Genau genommen schüttet sie wortlos die Hälfte des Bechers auf mein trockenes Brötchen und geht.

Versinke in Gedanken und probiere so irgendwann geistesabwesend das Gekröse auf meinem Teller. Bemerke verblüfft, dass die dünne Kaffeeplörre es geschmacklich enorm aufgewertet hat. Sollte man nicht meinen, aber könnte als Spezialität durchgehen. «Café au pain» im «Snack de Back». Bin am Ende sehr zufrieden mit den zwei Stunden, die mir die Bahn quasi geschenkt hat. Ich hatte recht, ohne es zu wissen. Mannheim und ich. Wunderbar. Ein Aufenthalt dort lohnt sich eben doch immer. Wer hätte das gedacht.

Dimitri?

Mein Handy klingelt. Die Nummer ist unterdrückt. Gehe trotzdem ran. Sage: «Ja?», und habe ein schlechtes Gewissen.

Ich gehöre noch zu der Generation derer, denen in der Kindheit erklärt wurde, wie man richtig telefoniert. Nicht ohne feierlichen Ernst unterrichtete mich mein Vater in der edlen Kunst der Gesprächsannahme, dessen Meisterschaft in der Verbindung der lockeren Begrüßungsformel «Hallo» und der sich leichtfüßig anschließenden Meldung mit vollem Namen bestand. «Hallo, hier ist Horst Evers. So beginnst du ein Telefongespräch», erklärte mir mein Vater.

Wenn er mich, lange nachdem ich von zu Hause ausgezogen war, anrief und ich mich nur mit einem schlichten «Hallo» meldete, antwortete er daher auch stets mit einem verärgerten: «Ja, hier auch Hallo.»

«Papa?»

«Das weiß ich nicht, ob ich Ihr Vater bin. Sie haben mir ja Ihren richtigen Namen nicht verraten, Herr Hallo.»

Dann legte er auch gerne mal einfach wieder auf. Wenn ich ihn daraufhin zurückrief, beschwerte er sich theatralisch: «Du, ich hab deiner Mutter gerade schon gesagt, mit deiner Nummer stimmt irgendwas nicht. Da geht immer nur ein Herr Hallo ran.» Darüber konnten meine Eltern herzlich lachen.

Bevor sie den Hörer abnahmen, haben sie sich meistens noch einmal die Kleidung geglättet oder die Haare gerichtet. Dafür hing tatsächlich extra ein Spiegel neben dem Telefon. Mein Bruder und ich fanden das immer sehr seltsam und haben uns oft darüber lustig gemacht. Aber meine Eltern blieben unbeirrt. Rainer, ein befreundeter Psychologe, erklärte mir später, das wäre ein ganz normaler Weltverbesserungsakt. Ihr Aussehen beeinflusse ihre Vorstellung vom Gesprächspartner: Je zufriedener sie mit ihrer eigenen Erscheinung waren, desto angenehmer stellten sie sich auch den unsichtbaren Teilnehmer am anderen Ende der Leitung vor. Und umso wohler fühlten sie sich daher mit dem Telefonat insgesamt. Ich fand das einleuchtend und begann, mir dieses Phänomen gleichfalls zunutze zu machen. Allerdings eher die dunkle Seite dieser Macht. Wenn beispielsweise Meinungsforscher, Telefoninterviewer oder irgendwelche Verkäufer anriefen und fragten, ob ich ein paar Minuten Zeit hätte, antwortete ich immer mal wieder:

«Aber sehr gerne. Ich bin allerdings gerade vollkommen nackt. Ich hoffe, das stört Sie nicht.»

«Bitte?»

«Nackig! Komplettamente! Ist das ein Problem?»

«Ähh, nein, aber vielleicht sollte ich dann später noch mal …»

«Nein, nein! Ich werde heute den ganzen restlichen Tag nackt sein und morgen auch. Wahrscheinlich sogar noch nackter. Da freu ich mich schon drauf. Außerdem bin ich sehr klein und speckig. Da wabbelt alles, wenn ich niese. Denn ich bin auch ziemlich verschnupft. Ständig tropft der Schnodder aus der Nase auf den Bauch. Das juckt wie Hölle, weil ich ja auch noch diesen furchtbaren Ausschlag habe, da …»

Meistens haben sie dann schon aufgelegt und mich für alle Zeiten aus dem Verteiler genommen.

Die Macht der Phantasie. Heute allerdings oft schon gar nicht mehr vonnöten. Denn heute können wir ja skypen.

Da muss man sich gar nichts mehr vorstellen, da sieht man es direkt. Der Traum der Bildschirmtelefonie. Für viele bereits so selbstverständlich geworden, dass man vielleicht schon über einen Skype-Knigge nachdenken sollte. Falls den einer schreiben will. Drei Punkte wären mir wichtig:

1. Skype nie, während du auf der Toilette sitzt. 2. Wenn du schon auf der Toilette skypst, dann stelle zumindest sicher, dass du ein absolut zuverlässiges, stabiles Netz hast. Denn wenn das muckt und du deshalb den Laptop auf der Suche nach besserem Netz wild hin und her schwenkst, könnte dein Skype-Partner Dinge sehen, die ihm von da an, immer wenn er die Augen schließt, erscheinen werden. Weshalb er riesige Angst vorm Einschlafen bekommt. 3. Falls du doch auf der Toilette bei schlechtem Netz skypst und zu dem Schluss kommst, dass das so keinen Zweck hat, da das Bild eingefroren ist, weshalb du beschließt, den Ort zu wechseln, also aufstehst und überhaupt, klappe um Himmels willen vorher den Laptop zu. Denn sonst ist plötzlich doch wieder Netz und dein Skype-Partner … siehe Punkt 2.

Doch zurück zu meinem Anruf. Ich sage also: «Ja?»

In der Leitung nur ein ganz leises Rauschen. Ziemlich lange. Will gerade auflegen, als doch jemand spricht:

«Dimitri?»

Hm. Überlege. Sage schließlich:

«Neiiin.»

Wieder das lange leise Rauschen. Dann:

«Dimitri?»

Überlege noch mal. Komme aber erneut zu dem Schluss:

«Nei-iin.»

Schnaufen in der Leitung. Dreimal. Viermal. Nachdenken. Dann:

«Nicht Dimitri?»

«Jaaaaa …»

Das Gespräch nimmt langsam Fahrt auf. Will schon aufatmen, aber dann:

«Warum nicht Dimitri?»

«Das weiß ich nicht.»

«Wo ist Dimitri?»

«Das weiß ich ehrlich gesagt auch nicht.»

Enttäuschtes Seufzen. Viermal. Dann:

«Es ist alles in Ordnung.»

Soso. Nehme diese Information schweigend zur Kenntnis.

«Keine Sorge. Alles in Ordnung, Dimitri.»

Hm. Wenn ich so drüber nachdenke, hatte ich offen gestanden gar keinen Zweifel daran, dass alles in Ordnung ist. Im Prinzip, bis zu diesem Moment, da mein Anrufer mir nun versichert hat, dass alles in Ordnung sei. Seitdem beginnt in mir ein Zweifel zu nagen, ob wirklich alles in Ordnung ist. Sage:

«Hier ist kein Dimitri.»

«Nein?»

«Nein.»

«Was ist mit Dimitri passiert?»

«Das weiß ich nicht.»

«Warum willst du mir nicht sagen, was mit Dimitri passiert ist?»

«Ich leg jetzt auf.»

«Kein Problem. Wir kommen sowieso vorbei. Wir haben dein Handy schon getrackt. Wir wissen, wo du bist. Wir sind gleich da. Dann kannst du uns in Ruhe erklären, was mit Dimitri passiert ist.»

Der Anrufer legt auf. Der ehemals nagende Zweifel reißt jetzt richtig große Stücke aus meiner inneren Ruhe. Glaube, das Gespräch ist nicht richtig rundgelaufen. Hab kein gutes Gefühl.

Es klingelt. An der Tür. Beschließe, da jetzt mal nicht aufzumachen. Es klingelt Sturm. Nee, ich mach nicht auf.

Das Handy läutet wieder. Nummer unterdrückt. Ich geh ran.

«Ja?»

«Dimitri?»

«Nein. Hier ist kein Dimitri. Ich weiß nichts von Dimitri. Sie müssen irgendwie die falsche Nummer haben.»

«Wer ist denn da?»

«Na, Horst Evers.»

Die Stimme meines Anrufers verändert sich plötzlich, er beginnt zu lachen.

«Wieso sagst du das denn nicht gleich?»

«Peter? Bist du das?»

«Ja, wieso?»

«Was sollte denn diese Dimitri-Scheiße?»

«Och nix. Is mir nur so eingefallen, als du ‹Ja› gesagt hast. Weißt du, wie das nervt, dass du dich nie vernünftig mit Namen am Telefon meldest? War nur zu deinem Besten.»

«Zu meinem Besten?»

«Ja. Habe ich vor Jahren mal mit deinem Vater drüber gesprochen.»

Lege auf. Es klingelt erneut Sturm an der Tür. Mache nichts. Höre Peter auf dem Bürgersteig rufen: «Hallo, Horst! Halloooo!»

Jemand von gegenüber öffnet das Fenster und antwortet: «Ja, hier auch Hallo!» Hätte ich nicht besser sagen können.

Schau mir in die Augen

Kürzlich fragte ein Lifestyle-Magazin an, ob ich für sein Weihnachtsheft einen möglichst originellen Geschenktipp beisteuern wolle. Ich antwortete wahrheitsgemäß: «Nein.» Schickte ihnen dann aber, um sie zu verwirren, nicht einmal anderthalb Stunden später folgenden Text:

«Wie jeder Mensch weiß, sind originelle Weihnachtsgeschenke das solide Fundament jeder glücklichen, auf gegenseitigem Respekt gründenden Beziehung. Etwas Aufregendes, Persönliches sollte es schon sein. Aber was, wenn die Zeiten, in denen wir uns einfach nur selbst der Freundin zu Weihnachten geschenkt haben, bekleidet mit nichts weiter als einer einzigen großen roten Schleife, sich mehr und mehr dem Ende zuneigen? Womöglich sogar ganz vorbei sind, auch weil die Schleifen immer größer wurden, ja werden mussten?»

Ich möchte hier kurz einfügen, dass es in meinem Fall diese Zeiten nie gegeben hat. Dieser Einschub ist wichtig, weil sich sonst meine Tochter, die mittlerweile alle meine Texte liest, womöglich vorstellt, wie ich, nur mit einer roten Geschenkschleife bekleidet, im Wohnzimmer stehe. Das soll sie nicht. Vermutlich würde sie sich dann nie wieder unbefangen über Geschenke mit rotem Geschenkband freuen können. Daher bin ich, genauso wie die Tochter, wirklich froh, dass ich das niemals gemacht habe. Also zumindest war die Schleife nicht rot.

«Nun gut, die, nennen wir sie mal: Nacktschleife kommt also nicht oder nicht mehr in Frage. Was schenkt man sich und der Partnerin dann? Ich hätte da einen heißen Tipp:

Ein großes Problem für die Orthopäden unserer Zeit ist der sogenannte Handy-Nacken. Durch die häufigen, oft langen Blicke aufs Smartphone kommt es wegen der gebückten Haltung vermehrt zu Haltungsschäden in der Bevölkerung. Daher sollte man sich für die Smartphonenutzung möglichst eine andere, aufrechte Position angewöhnen.

Zudem wird es zu Recht als unhöflich empfunden, im Gespräch mit anderen die ganze Zeit aufs Telefon zu schmulen. Gespräche wie:

‹Checkst du etwa Mails, während ich mit dir rede?›
‹Was?›
‹Sag mal, spinnst du?›
‹Nein, ich kann das, ich bin Multitasking.›
‹Das stimmt doch gar nicht.›
‹Doch, ich kann gleichzeitig Mails checken und dir nicht zuhören›, sorgen nicht selten für die ersten feinen Risse im güldenen Band einer freudvollen Partnerschaft.

Aber für beide Probleme gibt es eine Lösung: ein Stirnband, das vorne, eben im Stirnbereich, eine Halterung für das Smartphone des Partners hat. Die Partnerin trägt mein Smartphone vor der Stirn – ich trage ihr Smartphone vor der Stirn. Und so können wir uns beide während des Gesprächs schön anschauen und trotzdem problemlos Mails checken, snapchatten oder Quizduell spielen. Da man hierbei nach oben guckt, ist das für die Körperhaltung ein wahrer Segen. Außerdem haben die ständigen Berührungen, also das Tippen und Wischen auf der Stirn des anderen, eine nicht zu unterschätzende erotische Wirkung. Die Frage, ob man das Smartphone mehr beachtet als den Partner oder die Partnerin, stellt sich nie wieder, da das eine nicht ohne das andere geht. Und selbst wenn man mal schlimm

Streit hat, kann man einfach mit der Stirn auf den Tisch schlagen und trifft so das Gegenüber an seiner empfindlichsten Stelle. Es gibt also quasi nur Gewinner.»

Der Artikel ist dann erschienen, und meinem Wissen nach hat sich wirklich niemand für meinen Vorschlag mit dem Handy-Stirnband interessiert. Dafür aber sehr viele für die Nacktschleife. Unter anderem erhielt ich folgende Zuschrift:

«Sehr geehrter Herr Evers, mit großem Bedauern musste ich lesen, dass Sie der Auffassung sind, es gebe eine Alters- oder ästhetische Grenze für die Nacktschleife. Hierzu möchte ich sagen, dass mein Partner und ich die Nacktschleife zu Pfingsten schon seit über vierzig Jahren praktizieren und sie noch nie ihre Wirkung verfehlt hat.»

Zunächst wollte ich im Reflex zurückschreiben: «Zu Pfingsten sind die Geschenke immer am geringsten!, sagte unser Pastor früher gerne während des Konfirmandenunterrichts.» Dann jedoch begriff ich meinen Irrtum und möchte daher jetzt klarstellen: Natürlich ist es eine schöne Überraschung für die Partnerin, wenn man mal nur so mit einer Schleife bekleidet im Wohnzimmer steht. Wirklich. Klar. Von all meinen Freunden, die das bislang ausprobiert haben, weiß ich: *Überraschung* war immer. Ganz egal, wie es sonst verlaufen ist. Es wurde gestaunt. Aber hallo! Und das ist ja so wichtig, gerade auch in langjährigen Beziehungen. Den Partner zu verblüffen. Insofern lässt sich selbstverständlich nichts gegen die Nacktschleife sagen. Es ist immer eine schöne Geste und gibt meist ein großes Hallo. Kann man machen. Dennoch würde ich davon abraten, es *direkt* an den Weihnachtsfeiertagen zu zelebrieren. Wenn die ganze Familie da ist. Das kann dann schon verstören. Andere und dann häufig auch einen selbst.

Es sei denn, man meint es als Statement. Möchte so mal eine Diskussion in Gang bringen. Verkrustete Strukturen aufbrechen, neue Perspektiven, Pipapo. Früher hätte man dafür vielleicht der Verwandtschaft am zweiten Feiertag heimlich Haschkekse kredenzt. Heute, wo alle auf die Transfette achten müssen, geht das mit den Keksen nicht mehr. Da muss man eben andere Wege finden, um Barrieren zu überwinden. Da kann die Nacktschleife Denkanstöße geben. Wobei sich das dann auch schnell mal verselbständigt. Also dass man die ganzen Weihnachtstage über nichts anderes mehr redet als darüber, dass man *einmal* vor der gesamten Familie nackt im Wohnzimmer gestanden hat und Ganzkörpergeschenk war. Manchmal geht dieses Gerede noch ewig weiter. Man hörte schon von Familien, in denen nach der weihnachtlichen Nacktschleife plötzlich nichts mehr so ist, wie es mal war.

Insofern sollte man sich das überlegen mit dem Heiligabend und der Nacktschleife. Aber in der Adventszeit, am Wochenende, wenn die Kinder vielleicht außer Haus schlafen und man da so ein bisschen diffuses Licht machen kann, so mit Kerzen, quasi: Advent, Advent, die Schleife brennt … Wieso nicht?

Die Welt von morgen finden wir in den Außenbezirken

Auf dem Weg zu einer Essenseinladung in Berlin-Weißensee, am Rande der Stadt. Ich bin viel zu früh, wollte eigentlich noch ein Mitbringsel besorgen, aber es ist Sonntag, und alles hier hat zu. Alles! Auch der Massagesalon. In der Tür hängt allerdings ein Schild: «Bitte nutzen Sie auch unseren Online-Service.»

Erstaunlich. Hätte gerne gefragt, wie die das machen. Also online massieren. Doch leider ist ja geschlossen. Ich könnte online nachfragen. Schreibe auf dem Smartphone eine Mail und bitte um eine Online-Massage. Finde mich wahnsinnig witzig. Warte. Eine Minute … zwei Minuten … fünf Minuten …

Dann höre ich eine laute Frauenstimme aus dem offenen Fenster der Wohnung über dem Salon: «O nee, hier schreibt wieder so ein Schwachkopf, er will sich online massieren lassen. Gott, wie ich dieses Idiotenpack leid bin! Hält sich wahrscheinlich für wahnsinnig witzig.»

Bekomme eine Antwortmail. Lese: «Online-Massieren ist leider nicht möglich. Zu diesem Missverständnis kommt es häufig. Die auf dem Schild angegebene Mailadresse dient jedoch nur zur Terminvereinbarung. Mit freundlichen Grüßen …»

Derweil höre ich die Stimme oben weiter toben. «Oaarrhh! Kommt wahrscheinlich direkt aus'm Schwachmatengarten! So 'n Pony, echt. Boarh, nee …»

Na warte. Schreibe zurück: «Selber Schwachmatengarten!»

Ein kurzer Moment, dann wird es still in der Wohnung. Sehr still. Ein paar lange Sekunden vergehen, bis ich wieder die Stimme höre: «Du, hier ist eben was Komisches passiert!»

Es rumpelt. Höre, wie die Balkontür aufgestoßen wird. Kann mich gerade noch hinter einem Lkw verstecken. Sehe die Frau auf dem Balkon und dahinter die Wohnung, vor allem große Pflanzen. Die Frau schüttelt den Kopf, zündet sich eine Zigarette an, raucht sie zu Ende, geht dann zurück ins Zimmer.

Ich schreibe eine neue Mail: «Entschuldigen Sie, aber Sie riechen jetzt wirklich sehr stark nach Rauch. Könnten Sie sich bitte die Zähne putzen, bevor wir uns weiter mailen?»

Wieder dauert es ein paar Sekunden, dann höre ich sie in der Wohnung schreien. Darauf ertönt noch eine andere, tiefere, männliche Stimme: «Was schreist du denn so?»

«Der Computer will, dass ich mir die Zähne putze.»

«Ah, ach so. Keine Sorge. Das ist nur ein Trick. Von virtuellen Kriminellen. Von mir wollen die auch ständig Sachen. Dass ich meine Krankenversicherung überprüfe, ein todsicheres Roulettesystem ausprobiere oder das Geld von einem nigerianischen Konsul verwalte ... Aber Zähneputzen, das ist neu.»

Bekomme eine weitere Mail. Die ist nicht mehr ganz so höflich. «Also gut, Sie virtueller Zahnputz-Trickbetrüger. Putzen Sie sich mal lieber selber. Sie sind ja wohl nicht ganz sauber. Wer sind Sie, und was wollen Sie?»

Um zu deeskalieren, beantworte ich ihre Fragen ohne Umschweife. «Entschuldigung, ich wollte Sie nicht verletzen, und ich bin auch gar kein Kunde. Also genau genommen schreibt Ihnen hier Ihr Gummibaum.»

Wieder völlige Stille. Dafür kommt es nun zu einem direkten, schnellen elektronischen Nachrichtenaustausch.

«Welcher Gummibaum?»

«Na, der riesengroße grüne Gummibaum in der Ecke, direkt neben dem Fenster.»

«Aber das ist doch eine große Schefflera.»

Verdammt, ich weiß echt zu wenig über Pflanzen. Egal, ich muss die Situation retten. Hilft ja nichts. Schreibe daher: «Ja, ich weiß. Für Sie sehe ich aus wie eine Schefflera. Natürlich. Aber ich habe mich nie als Schefflera gefühlt. Tatsächlich bin ich ein Gummibaum im Körper einer Schefflera. Ich bitte Sie sehr herzlich, mich von nun an Gummibaum zu nennen und entsprechend zu behandeln.»

Statt einer Antwort höre ich wieder die andere, männliche Stimme von weiter hinten in der Wohnung: «Bobobobobbobobobobrorobobo ...»

Klanglich ähnlich ansprechend wie die Sprachmelodien der Erwachsenen bei «Peanuts». Doch leider eben auch genauso unverständlich. Die Frau brüllt daraufhin einen der wohl schönsten Sätze, die ich jemals gehört habe. Sie brüllt: «Ich weiß auch nicht, ob die Streichwurst noch gut ist, iss sie einfach, und in ein paar Stunden kann man an deinem Schweiß riechen, ob sie noch gut war oder nicht. Außerdem habe ich hier gerade ganz andere Sorgen. Unsere Schefflera schreibt mir Mails, hält sich für einen Gummibaum und will eine Online-Massage.»

Ich denke: Puuuh. Da hat man aber auch echt schon Leute für weniger eingewiesen.

Da die Frau mir mittlerweile ans Herz gewachsen ist, will ich ihr beweisen, dass sie nicht verrückt ist. Dafür gibt es leider nur eine Möglichkeit. Die Wahrheit. Schreibe daher:

«Ich sollte die Situation aufklären. Es verhält sich folgendermaßen: Ich und einige meiner Pflanzenkollegen sind Prototypen, die in einem Experiment des amerikanischen Geheimdienstes in Zusammenarbeit mit Monsanto, dem Gen-Saatgut-Hersteller, erschaffen wurden. Wir sind Spionagepflanzen, hypermoderne, intelligente Hightech-Züchtungen und allesamt WLAN-fähig. Wir, sozusagen die nächste Generation von Spionagesatelliten, werden unauffällige Zimmerpflanzen sein, die vermeintlich nur so in der Wohnung rumstehen, sich aber tatsächlich automatisch in die Netzwerke hacken, alle Daten sammeln, sortieren und dann direkt zur Auswertung an die NSA schicken.»

So, das sollte die Frau beruhigen. Sie wieder erden.

Diesmal dauert es eine ganze Weile, bis ich eine Reaktion bekomme.

«Warum erzählst du mir das alles?»

Finde, das ist aber mal eine gute Frage. Antworte: «Ich will das alles nicht mehr. Vor lauter schlechtem Gewissen kann ich kaum noch in Ruhe Photosynthese machen. Am besten stellst du mich einfach raus auf den Bürgersteig. Dann seid ihr wieder sicher, frei und unbeobachtet.»

Nun ja. Meine Freunde sind doch ein bisschen überrascht, als ich etwas verspätet eintreffe und ihnen als Mitbringsel eine wirklich riesengroße Schefflera überreiche.

«Die war echt nicht leicht zu kriegen», sage ich. «Hab ich quasi online besorgt.»

Sie haben sich so mittel gefreut.

Mein Sohn, der Baum

Die Freundin zeigt mir ein Bild auf dem Tablet.

«Hier! Was sagste?»

«Das ist ein Baum.»

«Genau. Und? Gefällt er dir? Spricht er dich an?

«Weiß ich jetzt gar nicht so. Kann sein. Bei Bäumen stelle ich mir solche Fragen eher selten. Zumal ich vermute, dass die Bäume sich diese Frage auch nicht stellen, wenn sie mich sehen. Warum?»

«Weil er bald schon in deinem Arbeitszimmer stehen wird.»

«Wer?»

«Der Baum, also quasi.»

«Du willst einen Baum in meinem Arbeitszimmer anpflanzen?»

«Nein. Der Baum steht gut da, wo er jetzt steht. Nur der Schreibtisch, der mal aus diesem Baum gefertigt wird, der soll in dein Arbeitszimmer kommen.»

«Ich kriege einen neuen Schreibtisch?»

«Ja, aber dauert noch. Dafür kannst du nun den gesamten Entstehungsprozess vom Baum bis zum fertigen Schreibtisch Schritt für Schritt mitverfolgen.»

«Du hast mir statt eines neuen Schreibtischs einen Baum gekauft?»

«Ja, ist das nicht toll?»

«Äh ... nein.»

«Du findest es nicht toll, einen Baum zu besitzen?»

«Ich brauche keinen Baum. Hunde brauchen Bäume. Ich hätte lieber zusätzlich ein Gästeklo.»

«Wir können aus deinem Baum auch was fürs Badezimmer machen lassen. Das ist eine ganz neue Form der Nachhaltigkeit. Man baut eine Verbindung auf. Von Anfang an. Das Gegenteil von blindem Konsumverhalten und Entfremdung.»

«Ich persönlich bin ja der Auffassung, dass es Dinge gibt, bei denen das Konzept der Entfremdung gar nicht so schlecht ist.»

«Echt, was denn?»

«Essen zum Beispiel. Angenommen, man bestellt sich im Lokal ein Schnitzel und bekommt dann zunächst noch ein Fotoalbum über das Leben des Schweines, sozusagen vom Ferkel bis zum Braten, vorgelegt. Ich weiß nicht, ob das den Genuss nachhaltiger macht.»

«Du sollst den Baum ja nicht essen.»

«So meine ich das nicht. Ich glaube, mir persönlich tut es einfach nicht gut, zu enge Beziehungen in diesen Bereichen aufzubauen, weil ich nicht in der Lage bin, dann wieder Grenzen zu ziehen. Ich habe mich mal mit einer Dose Linseneintopf angefreundet, also mich immer wieder mit ihr unterhalten, ihr von meinem Leben erzählt …»

«Lass mich raten. Und dann hast du sie irgendwann versehentlich geöffnet, gegessen und warst am Boden zerstört?»

«Nein. Schlimmer. Der Eintopf hat mit mir Schluss gemacht. Die Dose meinte, die anderen Konserven würden sie für seltsam halten, weil sie ständig mit einem Menschen rede. Wenn eine Lebensmitteldose so etwas macht, gilt sie bei den anderen Konserven schnell als seltsam. Daher habe ich sie dann in den Haushalt eines Freundes gegeben, wo sie noch mal ganz von vorn anfangen konnte. Aber bis heute vermisse ich sie manchmal …»

Die Freundin schaut mich lange und nachdenklich an, bis sie fragt: «Sag mal, redet dieser Schwachsinn eigentlich einfach so aus dir raus, oder musst du dafür wenigstens spezielle Drogen nehmen?»

Ich zucke die Schultern. «Mal so, mal so.»

Sie winkt ab. «In jedem Fall musst du jetzt bei diesem Förster anrufen und deinem Baum einen Namen geben. Die brauchen das für ihre Buchführung.» Dann geht sie raus.

Starre auf das Bild meines Baumes und denke über den Namen nach. Irgendwie fühlt es sich an, als wäre ich nun für meinen künftigen Schreibtisch verantwortlich. Quasi wie eine Schwangerschaft. Und das Foto vom Baum ist mehr oder weniger das erste Ultraschallbild meines neuen Erdenbürgerschreibtisches. Ob ich das ab jetzt in meinem Portemonnaie bei mir tragen sollte? Rufe den Förster an:

«Guten Tag, hier ist Horst Evers. Ich würde meinen Baum gerne ‹Linseneintopfdose› nennen. Geht das?»

«Sie wollen was?»

«Meinen Baum gerne Linseneintopf ...»

«Das habe ich schon verstanden, aber sind Sie bescheuert?»

«Ich bin nicht verpflichtet, Ihnen diese Frage zu beantworten.»

«Ah, Moment, Horst Evers, sagten Sie?»

«Ja, warum?»

«Ah, dann habe ich eine Nachricht von Ihrer Frau für Sie. Sekunde, hier steht: Jetzt siehst du mal, wie es ist, wenn einem jemand ständig irgendwelchen Mist erzählt. April, April.»

«Wieso April? Es ist Mitte Mai.»

«Ihre Frau hat vermutet, Sie würden das sagen. Meinte, ich soll antworten: Wenn man Aprilscherze im Mai macht, ist die Überraschung größer.»

Überlege kurz, sage dann:

«Ja, und wenn man beim Wald die Bäume weglässt, reicht es, wenn der Förster zwei-, dreimal die Woche durchfegt.»

Er legt auf. Wenn's um ihren Wald geht, verstehen die Förster keinen Spaß.

Ich bin Daenerys Targaryen

Die Tochter beziehungsweise Miki, eine ihrer Freundinnen, die auch ich recht gut kenne, erzählt von einem ungewöhnlichen Problem. Sie spielt wohl seit langem ein Mittelalter-Fantasy-Online-Rollenspiel unter dem selbstgewählten Namen DaenerysTargaryen1999. Daenerys Targaryen ist die wunderschöne junge, äußerst heldenhafte Mutter der Drachen aus «Game of Thrones». Tatsächlich spiele sie das Spiel nach wie vor sehr gerne, erzählt Miki. Doch nerven die Avancen und zweideutigen Nachrichten, die sie hin und wieder bekommt, weil es offenkundig einige Schwachköpfe gibt, die ernsthaft vermuten, hinter diesem Rollennamen würde sich ein junges, 1999 geborenes Mädchen verbergen, das in etwa so aussieht wie Daenerys Targaryen. Was in Mikis Fall allerdings ausnahmsweise tatsächlich stimmt.

Ich schlage vor, den Spielernamen in GrünerPopel1955 zu ändern. Dann würde sich das mit den Avancen vermutlich bald von selbst erledigen. Doch das möchte Miki nicht. Ihr gefalle ihr Name, und sie habe sich mit ihm innerhalb des Spiels auch einen gewissen Ruf erworben. Jetzt jedoch ergebe sich eine andere Chance: ein Spielertreffen in Berlin, bei dem man sich persönlich begegnen könne. Wenn dort nun ein mittelalter, etwas dicklicher Mann mit Halbglatze auftauchen würde und sich als DaenerysTargaryen1999 zu erkennen gäbe, hätte sie vermutlich für alle Zeiten Ruhe.

Ich nicke: «Interessanter Plan, aber welcher mittelalte Mann würde sich denn auf so eine alberne Idee einlassen?»

Die beiden Mädchen sagen nichts, lächeln nur siegesgewiss. Ich verstehe die Botschaft.

«Auf keinen Fall. Wie kommt ihr auf die Idee, dass ich bei so einer kranken Geschichte mitmachen würde?»

Die zwei schweigen weiter ...

Rund drei Wochen später stehe ich mit einem Daenerys-Targaryen1999-Namensschild auf einem «Forge of Middle Age-Convent» im Estrel und unterhalte mich mit Michonne, der Samuraikriegerin aus «The Walking Dead». Zumindest sagt Michonne1992, dass er den Namen daher habe. Er ist noch etwas dicker und wohl auch ein wenig älter als ich, hat rosafarbene Haut, dafür jedoch sehr viel mehr Haare. Allerdings keines davon auf dem Kopf.

Insgesamt sind wir siebzehn Daenerys Targaryens auf dem Convent. Alles Männer. Damit kommen wir auf Platz drei in der Rangliste der häufigsten Pseudonyme, noch verbreiteter sind nur Sauron und Jack Sparrow. Miki wäre hier wirklich eine ziemliche Attraktion gewesen, erst recht als Daenerys verkleidet. Ich hingegen falle gar nicht auf. Rund fünfundneunzig Prozent der Besucher sind Männer, von denen rund ein Drittel aussehens- und altersmäßig ungefähr in meiner Liga spielt. Wenn ich durch den Saal gehe, komme ich mir vor wie in einem Spiegelkabinett. Also einem auf Jahrmärkten. Wo man sich vielfach selbst sieht, nur eben immer so ein bisschen verzerrt. Mal kleiner, mal länger, dicker, dünner, gepresst, gezogen, gerundet, ovalisiert.

Die wenigen Frauen hingegen sind durchgehend erstaunlich attraktiv. Oder wirken sie nur so, weil so viele Männer unserer Konfektion um sie herumstehen? Das ist ja überhaupt ein ganz gewiefter Schönheitstrick. Umgebe dich mit mittelprächtig aussehenden Männern, und du kannst dir sofort einiges an Training, Diät und Schminke sparen. Nichts macht so schön wie ein weniger hübscher Begleiter. So habe ich vor vielen Jahren tatsächlich versucht, Frauen rumzukriegen: «Weißte, mit mir hastes schön stressfrei. Wähle mich, und ich verspreche dir, dass ich immer ein bisschen zu dick, untrainiert und glatzköpfig sein werde. Sodass du neben mir stets wirkst wie eine Göttin. Vertraue mir!» Seltsamerweise ist keine Frau so richtig darauf angesprungen.

Eine scharfkonturierte dunkelhaarige Frau spricht mich an:

«So, und Sie sind jetzt also DaenerysTargaryen1999?»

«Ganz genau», antworte ich, «Freunde dürfen aber auch Mutter der Drachen, Sprengerin der Ketten, Khaleesi des Grasmeeres, Königin der Andalen und der ersten Menschen zu mir sagen. Und Ihr Name ist gleich?»

Sie zieht ihr Namensschild glatt.

«GrünerPopel1975. Ich weiß, klingt unappetitlich, ist aber im Spiel angenehmer, weil ...»

«Ich weiß.»

Sie schaut mich prüfend an.

«Irgendwie hatte ich Sie mir schon anders vorgestellt.»

«Sie meinen wegen meines Namens DaenerysTargaryen1999? Glauben Sie mir, das ist ironisch gemeint. Ich bin nicht ...»

«Das weiß ich doch. Es ist ja auch wahrlich nichts Ungewöhnliches, dass mittelalte Männer solche Pseudonyme wählen. Ich hatte mich nur gewundert, weil Sie auch Ihr Schlachtross mit Blumen und Schleifchen schmücken, in einer rosa Rüstung kämpfen und außerdem noch in den Nebenspielforen über preisgünstige Mode und Schminktipps so aktiv sind.»

Verdammt. Offensichtlich hatte Miki vergessen, mich über ein paar interessante Details ihrer Spielerpersönlichkeit zu informieren. Sage:

«Ja, das wirkt jetzt wahrscheinlich seltsam, aber es gibt für all das eine ganz logische Erklärung.»

«Und die wäre?»

Eine gute Frage. Die wüsste ich jetzt auch gern, diese komplett nachvollziehbare Begründung. Habe aber nicht die geringste Ahnung. Gebe meinem Stammhirn für die Beantwortung freie Hand und staune, als ich mich sagen höre:

«Ich bin Soziologieprofessor und arbeite gerade an einer Studie über das Sozialverhalten von Gamern in ihren Spielen. Deshalb nehme ich verschiedene Identitäten an und spiele diese glaubwürdig bis zum Ende durch.»

Nicht schlecht. So eine clevere, in sich schlüssige Geschichte hätte ich meinem Stammhirn gar nicht zugetraut. Auch mein Gegenüber ist offenkundig beeindruckt.

«Soziologieprofessor?»

«Jaja, das bin ich.»

«An welcher Universität?»

«Was?»

«An welcher Universität Sie Professor für Soziologie sind.»

«Oh, äh, Hildesheim, da wohne ich und bin Professor für Soziologie.»

Sie freut sich.

«Lustig, ich komme aus Hildesheim. Wo wohnen Sie denn da?»

Bin plötzlich gar nicht mehr so restlos überzeugt vom Plan meines Stammhirns.

«Im Nachbarort.»

«Welchem Nachbarort?»

«Na, der Ort da neben Hildesheim. Kennense nicht?»

«Meinen Sie Faselsen?»

«Ja, genau, Faselsen. Da wohne ich.»

«Es gibt keinen Ort namens Faselsen. Den habe ich mir gerade ausgedacht.»

«Oh, in dem Fall bin ich wohl doch umgezogen.»

«Ach, wohin denn? Von Faselsen nach Lügensen und Trügensen?»

«Ich, äh …»

Sie lacht.

«Lassen Sie nur, ich lüge doch auch. Bei mir ist es sogar noch viel schlimmer. Ich spiele dieses Spiel gar nicht, ich bin hier nur für meinen Sohn. Der dachte, es würde ihm Vorteile bringen, wenn alle anderen Spieler glauben, hinter seinem Pseudonym verbirgt sich eine attraktive Frau. Anfangs war ich skeptisch, aber jetzt macht es mir große Freude, hier halberwachsene Männer wuschig zu machen.»

Als ich ihr daraufhin von Miki erzähle, freut sie sich, und eine halbe Stunde später glaubt sie mir sogar. Von nun an hatten wir richtig Spaß. Ein wirklich gelungener Nachmittag.

Also bis zu dem Moment, in dem wir Erinnerungsfotos machen wollten, ich ihr daher mein Handy gab, sie bei den Bildern versehentlich nach hinten wischte und so auf eine lange Reihe von Mädchenunterhosen stieß. Aber da wollte ich sowieso gerade gehen.

Vaya sin ticketos

Sitze in der U-Bahn-Linie 6. An der Tür rechts und an den beiden Türen weiter links stehen Fahrscheinkontrolleure. Sieht man sofort. Als geübter U-Bahn-Fahrer. Habe zwar schon seit vielen, vielen Jahren durchgehend Monatskarten, aber den Blick für Kontrolleure verlernst du nicht. Gewöhnst du dir auch niemals ab. Entschließe mich, auch andere von meinen besonderen Fähigkeiten profitieren zu lassen, und sage der Touristin neben mir: «Ähm, falls Sie keine Fahrkarte haben, sollten Sie jetzt zügig aussteigen. Hier wird gleich kontrolliert.»

Sie lächelt mich an. «Eh?»

«Oh, if you have no ticket, you should leave the train now. There will be a ... na Dingenskirchen ... Fahrscheinkontrolle.»

«Eh?»

«Äh, controller les tickets, tout de suite, Monsieur le controlleur est là-bas ... verstehen Sie? Signores Controlleros! Vaya sin ticketos? Departos Ubahnos! Comprende? Andarle, andarle – arriba, vale!!!»

«Eh?»

Ach, zu spät. Die Lampen blinken. Die Türen schließen sich. Wie lauernde Raubtiere springen die Kontrolleure auf und – hüpfen auf den allerletzten Drücker raus. Ach, guck, da hab ich mich wohl doch vertan. Dabei hätte ich schwören können ...

«Die Fahrausweise bitte!» Meine Touristin hält mir *ihren* Ausweis vor die Nase.

Ich versuche eine schlagfertige Antwort. Sage: «Eh?»

Sie lacht. «Woher wussten Sie, dass wir kontrollieren?»

«Och, wissen Sie, ein so erfahrener U-Bahn-Fahrer wie ich, der kennt seine Pappenheimer.»

«Und was wollten Sie mit dieser seltsamen Warnung bezwecken?»

«Ich ... na ja, ich ...» Krame nach Worten und gleichzeitig auch nach meiner Monatskarte. «Also, ich wollte Ihnen schon zeigen, dass ich Sie durchschaut habe. Aber das eben irgendwie auch charmant.»

«Charmant?»

«Kommen Sie, das war charmant! Also so Berliner Charme mit Schuss. Wie man so sagt. Feinschmecker-Charme. Nicht so süßlich-süffig, sondern eben eher feinherb-perlend. Ne?»

«Signores Controlleros? Vaya sin ticketos?»

«Ja, natürlich. Fahren ohne Fahrschein! Vaya sin ticketos! Das ist Spanisch. Also jetzt *mein* Spanisch. Ein anderes hab ich leider nicht da. Kommt auch heute nicht mehr rein. Kommt wahrscheinlich nie mehr rein.»

«Und Sie reisen aber con ticketos?»

«Selbstverständlich. Das heißt ...» Ich gebe das Kramen auf. Es hat ja auch keinen Zweck, weil: «Also, das werden Sie jetzt wahrscheinlich nicht glauben, aber ich hab die tatsächlich in der anderen Jacke ...»

«Nein!»

«Doch, ich hab vergessen, die rüber ...»

«Nein!!»

«Doch, ich ...»

«Nein!!!» Nachdem die letzten beiden «Neins» doppelt so laut waren wie das jeweils vorherige, brüllt sie nun durch die ganze U-Bahn: «Das ist ja ein Ding. Hey, Kollegen, ihr werdet nicht glauben, was hier passiert ist! Die Karte ist in der anderen Jacke!»

Der Kollege staunt: «Nein!!! So was hab ich ja noch nie gehört! In der anderen Jacke! Die Karte!»

Andere Fahrgäste brüllen: «Nein, das glaubt man ja nicht! In-der-anderen-Jacke! Uiuiuiuiui, es gibt doch nichts, was es nicht gibt. Näää!!!»

Versuche, mich zu erklären. «Ja, ich weiß auch gar nicht, wie mir das jetzt passieren konnte. Das war wegen dem Regen!»

«WEGEN *DES* REGENS!», brüllen die anderen Fahrgäste. Die Kontrolleurin beruhigt mich: «Ach Gott, wer kennt das nicht? Wenngleich: Sind nicht viele hingegen, die die Karte wegen Regen zu verlegen pflegen.»

«Was? Nein, Sie müssen mir glauben.»

«Schon gut. Sie müssen mich echt nicht mehr davon überzeugen, dass Sie verpeilt sind. Glauben Sie mir, das kriegt man mit. Schon als Sie ‹eh› gesagt haben, wusste ich: Das ist wieder ein Die-falsche-Jacke-an-Patient.»

«Patient?»

«Ja, Dödel dürfen wir leider nicht mehr sagen. Ich kann es Ihnen aber auch noch einmal in Ihr Spanisch übersetzen: Vaya sin ticketos, war ja schon klar!»

Als ich mit ihr auf dem nächsten U-Bahnhof aussteige, verabschieden mich die anderen Fahrgäste singend: «Vaya sin ticketos, war ja schon klar! Vaya sin ticketos, war ja schon klar! Tschüss!»

Nachdem ich der Frau meinen Personalausweis ausgehändigt habe, meint sie: «Keine Angst, ich tue nur so, als ob ich Ihre Daten aufnehme. Da kommt nichts nach.»

«Bitte?»

«Ich bin keine Kontrolleurin. Seit die Berliner Verkehrsbetriebe so viele Zivilkontrolleure eingestellt haben, haben die den Überblick verloren. Wenn Kontrolle ist, kontrolliere ich einfach mit. Mit einem seriös gefälschten Ausweis wundert sich da keiner. Klappt ziemlich gut.»

«Verstehe, dann war die ganze Demütigung mit falscher Jacke, Patient und so nur Teil der Tarnung?»

«Nö, warum? Das ist ja der Teil, der mir am meisten Spaß macht. Sie haben mir wirklich ungewöhnlich viel Freude bereitet. Aber machen Sie sich keine Gedanken. Das fällt Ihnen ja sicher nicht schwer.»

Hat die 'ne Ahnung.

Umschlag für dich

Samstagmorgen. Das Kind übernachtet außer Haus. Daher beschließt die Partnerin, beim Frühstück mal Dinge zu besprechen, die sie sonst so eher nicht erörtern würde:

«Ach, ich habe übrigens ein Verhältnis angefangen.»

Ich möchte wie ein moderner Mann reagieren, andererseits aber auch nicht zu gelassen wirken. Entscheide mich daher für ein in aller Sachlichkeit möglichst freundliches:

«Hm.»

Sie scheint zufrieden.

«Ja, mit einem außerordentlich gutaussehenden, sportlich-athletischen, jungen Mann Anfang dreißig. Er ist sehr intelligent, charmant, recht wohlhabend und hat praktisch immer Zeit.»

Nehme mir möglichst würdevoll eine Brötchenhälfte, lege in lasziver Nonchalance eine Scheibe Stinkekäse drauf, kratze mich weltmännisch am Hintern und antworte:

«Und was genau hat jetzt der, was ich nicht habe?»

Sie lacht nicht, sondern reicht mir stattdessen einen Umschlag. Ich öffne ihn und finde einen Zettel, auf dem steht: «Und was genau hat jetzt der, was ich nicht habe?» Frage, was das soll.

Sie nimmt den Umschlag, gibt mir stattdessen ein Taschentuch und erläutert: «Ich wollte dir damit nur sagen, dass ich wusste, was du antworten würdest. Wir kennen uns mittlerweile so lange, dass wir uns kaum mehr überraschen können. Gesundheit!»

Ich schaue kurz irritiert, dann niese ich. Während ich in das zuvor gereichte Taschentuch schnäuze, meint sie:

«Ich finde, wir sollten mal wieder etwas richtig Unerwartetes, Verrücktes tun.»

«Du meinst so was wie: einfach mal die Betten machen, obwohl gar kein Besuch kommt?»

Sie reicht mir erneut wortlos einen Umschlag.

«Ich nehme an, darin steht, dass ich das sagen würde?»

Sie zückt den dritten Umschlag.

«Und darin wiederum steht, ich würde sagen, dass im Umschlag steht, was ich sagen würde?»

Der nächste Umschlag.

«Ach komm, das ist doch albern.»

Umschlag!

«Was soll denn das?»

Umschlag!!

Ich springe auf und renne fluchend aus der Küche. Höre, wie noch ein Umschlag an die zugeschlagene Tür fliegt. Dreißig Sekunden später bin ich zurück und gebe der Freundin zwei DIN-A4-Blätter. Sie liest: «Samstagmorgen. Das Kind übernachtet außer Haus. Daher beschließt die Partnerin…»

Sie stutzt.

«Hast du das alles schon vorher aufgeschrieben?»

«Ja, als ich heute Morgen aufgewacht bin, hatte ich schon so ein Gefühl, wie das Frühstück wahrscheinlich verlaufen würde…»

Sie seufzt und überreicht mir einen weiteren Umschlag.

Später lesen wir interessiert in ihren Umschlägen und meinen vorbereiteten Texten nach, wie sich unsere Partnerschaft in den nächsten Wochen und Jahren entwickeln wird. Obwohl offensichtlich noch einige Überraschungen auf uns warten, bleibt am Ende doch ein Gefühl der Nachdenklichkeit.

Ich rege an: «Wir müssen dringend wieder in Situationen kommen, wo man nicht weiß, was geschieht.»

Sie nickt.

«Vielleicht wenn wir in der Zeitung mal nach Besichtigungsterminen für auszubauende Dachgeschossrohlinge in Prenzlauer Berg, Kreuzberg oder Friedrichshain gucken. Um da dann, wenn möglichst viele Interessenten zuhören, einigermaßen laut zu fragen, wie weit denn die Pläne mit dem Flüchtlingsheim drei Häuser weiter sind?»

Das klingt wirklich nett. Nach einem gelungenen Nachmittag. Eine schöne Abwechslung, die einen auf andere Gedanken bringt. Zudem erfährt man gewiss ganz schnell ganz viel über andere Menschen. Oft sogar mehr, als man möchte.

Wir sind zufrieden. Eigentlich gar nicht schlecht, mal zu notieren, was man alles demnächst macht und was wahrscheinlich passieren wird, und sich das gegenseitig vorzulesen. Dann hat man das quasi schon mal erledigt und damit wieder mehr Zeit für andere Dinge.

Ich muss los. Habe einen wichtigen Termin, und mit der U-Bahn-Linie 6 brauche ich mindestens eine halbe Stunde für den Weg. Die Freundin fragt, warum ich grundlos die andere, ungewohnte Jacke nehme.

Antworte: «Um die Routine zu durchbrechen. Ich fang schon mal an. Das ist so wichtig. Kleinigkeiten verändern. Hier und da nicht stupide den dumpfen Reflexen zu folgen. Aus dem Trott raustreten. Weißte? Und wenn es nur das ist, einfach mal die andere Jacke zu nehmen. Einfach so. Was soll denn auch schon groß passieren?»

DAS STREBEN

«Wer die Welt bewegen will, sollte erst sich
selbst bewegen.»

Sokrates

Das vermutlich faulste Unterbewusstsein der Welt

Freitagmittag. Die Freundin hält mir das Belegheft einer Schülerzeitung aus Karlsruhe vor die Nase.

«Hast du denen ein Interview gegeben?»

«Ja, per Mail, wieso?»

Sie verdreht die Augen, blättert kurz, liest dann.

«Frage: Herr Evers, viele unserer Schülerinnen und Schüler schreiben selbst auch. Haben Sie einen Rat für sie, wie sie es schaffen können, einmal vom Schreiben zu leben?»

Sie hält kurz inne. Atmet tief durch.

«Antwort Horst Evers: Werdet Notar. Die Bevölkerungsgruppe, die mit Abstand am besten vom Schreiben leben kann, sind in diesem Land die Notare. Und sie müssen noch nicht mal lange überlegen, was sie schreiben sollen. Im Regelfall ist es gesetzlich bereits klipp und klar festgelegt. Dafür bekommen sie eine Gebühr. Muss man nichts verhandeln, ist im Rahmen üblicher Sätze auch mehr oder weniger geregelt. Bleibt nichts zu tun außer staunen, wie hoch die ist.»

Ich freue mich.

«Gute Antwort, oder? Und so wahr. Ich glaube, ich sollte öfter mal Fragebögen von Schülerzeitungen beantworten.»

«Oh, ich habe noch gar nicht zu Ende gelesen. Ich zitiere weiter: Allerdings muss man dafür Jura studieren, was leider, wie allgemein bekannt, das doofste Studium überhaupt ist. Gar nicht mal wegen des Faches, sondern wegen der wirklich komischen Leute, die das sonst noch so studieren.» Sie verdreht erneut die Augen. «Kann das sein, dass du immer noch alle Juristen und Jurastudenten hasst, nur weil dir vor über zwanzig Jahren mal einer eine Freundin ausgespannt hat?»

«Was? Ich weiß überhaupt nicht, wovon du redest.»

«Nein?»

«Nein. Und außerdem hat mir Gregor Manuela nicht ausgespannt. Sie war halt erst mit mir und dann mit diesem egoistischen, oberflächlichen Blödmann zusammen. Das eine hat mit dem anderen nichts zu tun. Hat mich gar nicht weiter interessiert. Dass er Jurastudent war und ich seitdem, warum auch immer, alle Jurastudenten doof finde, ist reiner Zufall. Das gibt es, dass Dinge zeitgleich passieren, aber kausal völlig unabhängig voneinander sind. Frag die Wissenschaft.»

«Hm, du weißt schon, dass dieser egoistische, oberflächliche Gregor nach dem Jurastudium auch noch Medizin studiert hat, um dann als Arzt und Anwalt für ‹Ärzte ohne Grenzen› nach Zentralafrika zu gehen?»

Ich zucke die Schultern, denke aber: Na toll, das ist ja wieder typisch. Das hat der sicher nur gemacht, damit andere sich neben ihm klein fühlen, dieser großspurige Angeber und Reiche-Leute-Sohn. Die Freundin ergänzt: «Sein elterliches Erbe hat er wohl komplett an mehrere Obdachlosenvereine in Frankfurt gespendet.»

Sage nichts, aber mein Gehirn lässt sich nicht beirren und flüstert mir ein: Na super, bloß keine Angriffsflächen bieten. Dieser Blödmann lässt auch nichts aus. Du hättest auch gerne mal auf ein Erbe verzichtet. Aber dir gibt ja niemand was, auf das du dann verzichten kannst.

Nachdem die Freundin das Zimmer verlassen hat und meine Psyche sich nicht mehr im Abwehrkampf befindet, komme ich doch ins Grübeln. Eventuell sollte ich meine

Meinung zu diesem Gregor überdenken. Vermutlich hätte ich das mit Manuela damals genauso gemacht, und grundsätzlich scheint er ja wirklich kein schlechter Kerl zu sein.

Nach nur zehn Minuten habe ich ihn im Netz gefunden. Die Bildersuche gibt mir endgültige Gewissheit: Er ist noch immer so schlank, trainiert und gutaussehend wie früher. Da kriege ich ja direkt wieder schlechte Laune. Zudem ist er weder bei Ärzte ohne Grenzen, noch deutet irgendwas auf eine größere Spende aus dem elterlichen Besitz hin. Im Gegenteil. Offensichtlich führt er eine Notars- und Anwaltskanzlei in Frankfurt, die sich, wenn ich das richtig verstehe, auf Eigenbedarfsklagen bei Mietwohnungen spezialisiert hat.

«Du hast gelogen!», rufe ich der Freundin zu.

«Du meinst wegen Gregor?» Sie schaut lächelnd ins Zimmer. «Also gelogen würde ich es nicht nennen, ich habe halt einfach mal geraten. Hätte ja auch stimmen können, was ich sage.»

Damit hat sie natürlich recht. Aber egal, der eigentliche Grund, warum ich das Ganze aufgeschrieben habe, ist: Als ich sah, dass Gregor eben nicht zu einem guten, edlen, die Welt bereichernden Menschen geworden, sondern vermutlich das große Arschloch, das er immer war, geblieben ist, war ich irgendwie erleichtert. Meinem Unterbewusstsein ist es also lieber, wenn ein Drecksack ein Drecksack bleibt, als dass es seine Meinung über ihn ändern muss. Hätte nicht gedacht, dass es dermaßen faul ist.

Wenn alle Bänder reißen

Ich habe mir den Rücken gebrochen. Beim Kaffeekochen. Also quasi. Der kleine Löffel für das Espressopulver ist mir durch das Abtropfgestell gerutscht und hinter die Waschmaschine gefallen. Was nicht ungewöhnlich ist. Unzähliges Besteck ist so schon hinter die Maschine gekommen. Weshalb unabhängige Experten meinen, der hintere Rand der Waschmaschine sei kein idealer Ort für das Abtropfgestell. Ich bin geneigt, ihnen beizupflichten. Der derzeitige Standort des Abtropfgestells ist auch nur ein Provisorium, bis neben der Spüle genügend Platz ist. Wenn ich das ganze Geschirr, das dort steht, abgewaschen habe, ist das Abtropfgitter allerdings viel zu voll und ein Transfer neben die Spüle unmöglich. Ist es wieder leer, steht ebendieses Geschirr dreckig neben der Spüle, weshalb dann dort kein Platz für das Gestell ist. Ein Teufelskreis.

Externe Berater haben mir empfohlen, einfach einmal das ganze Geschirr abzutrocknen und in den Schrank zu räumen, um dann den Umzug vornehmen zu können. Jedoch ist im Schrank nicht genügend Platz. Auf mysteriöse Weise ist mein Küchengeschirr ohne jeden Zukauf immer weiter angewachsen, seitdem ist eine grundlegende Neuplanung in der Küche blockiert. Meine aktuelle Strategie ist zu warten, bis genügend Geschirr hinter die Waschmaschine oder irgendwelche Schränke gefallen ist, sodass ich neuen Gestaltungsfreiraum habe. Daher führe ich der Küche jetzt auch selbst ständig gezielt neues Geschirr zu, denn je mehr Geschirr, desto mehr verschwindet auch hinter der Waschmaschine, weil kein Platz. Irgendwie erinnert mich meine

Küchenproblematik an das Dilemma der Finanzmärkte. In jedem Fall hatte ich mich, nachdem der Löffel runtergefallen war, nun doch spontan für einen ordnungspolitischen Eingriff entschieden. Habe also die Waschmaschine abgezogen, um alle Löffel zu befreien. Ohne mich warm zu machen. Nur mal eben schnell die Waschmaschine ein Stück nach vorn zerren, und zack!, schon hatte ich mir den Rücken gebrochen. Also eben quasi. Wie gesagt. Zumindest habe ich mir wohl sämtliche Bänder, Muskeln, Sehnen und was es sonst noch alles so im Rücken geben mag, gerissen. Aber voll. Was da war, war gerissen. Aber hallo. Den Schmerzen nach, würde ich vermuten, habe ich mir das sogar mehrfach gerissen, rund drei- bis viermal. Minimum!

Die Rückenärztin bestätigt meine Diagnose im Groben. Aus Professionalität versucht sie jedoch natürlich, mich nicht zu beunruhigen. Daher formuliert sie es etwas defensiver:

«Na ja, wie es aussieht, haben Sie sich da wohl einen Nerv eingeklemmt, was?»

Bemühe mich, während ich mich ganz vorsichtig bäuchlings auf ihre Liege schiebe, mein leises Weinen tapfer klingen zu lassen.

«Was denken Sie, wie lange das dauert?»

«Kommt drauf an. Müssen Sie denn demnächst was machen?»

Bitte? Was ist denn das für eine Frage! Ob ich demnächst was machen muss? Eigentlich schon. Ich dachte da so an: alles. Alles, was ich so mache, würde ich eigentlich auch demnächst gerne so machen. Zum Beispiel: wieder gerade stehen können. Das fände ich super. Also ohne vor Schmerzen jämmerlich heulen zu müssen. Gerade stehen.

Das ist ja eine meiner Leidenschaften! Weiß ich allerdings auch erst, seit es nicht mehr geht. Aber jetzt fänd ich das Hammer! Wieder gerade stehen können! Da hab ich Spaß dran! So einer bin ich! Das alles könnte ich auf ihre Frage, ob ich denn *demnächst was machen muss*, antworten. Tue es jedoch nicht, da ich aus unerfindlichen Gründen möchte, dass sie mich mag. Will ich bei Ärztinnen irgendwie immer. Ich weiß nicht, warum. Ist so ein Reflex. Frage also möglichst freundlich und intelligent zurück:

«Hä?»

Sie lächelt.

«Ich meine ja nur, ob der Rücken demnächst stärkeren Belastungen ausgesetzt ist.»

Wie? Was bitte sind denn jetzt stärkere Belastungen? Was denkt die denn, wofür ich meinen Rücken brauche? Nein, Frau Doktor. Das ist kein Problem. Schultern, Arme und Kopf kann ich ja demnächst auch einfach mal ein bisschen am Knie tragen. Dann kann sich der Rücken ein wenig von den stärkeren Belastungen erholen. Muss man dann nur wieder aufpassen wegen Meniskus. Wenn das alles am Knie hängt, wird dem das ja womöglich auch wieder zu viel, und dann – kennt man ja. Aber auch das sage ich nicht. Nein, weil ich eben ihr unkomplizierter, vorbildlicher Lieblingspatient sein möchte. Der nicht unnötig provoziert, sondern einfach klare, kurze, sachliche Antworten gibt. Deshalb sage ich:

«Ja, ich muss demnächst als Pferd arbeiten.»

Sie nickt.

«Verstehe, solche haben wir hier oft.»

Sehe, dass sie bereits Lärmschutzkopfhörer aufhat. Die hat mich doch gar nicht mehr gehört. Denke noch so, warum hat die eigentlich Kopfhörer auf, da reißt sie auch schon mein Bein hoch. Überlege spontan, ob einem wohl von den eigenen Schmerzensschreien das Trommelfell platzen kann. Na ja, zumindest ging es schnell vorbei.

Da wuchtet sie das andere Bein hoch.

Flüchte mich in eine lokale Ohnmacht. Also wo nur einzelne Körperteile das Bewusstsein verlieren und man wenigstens noch ganz laut schreien kann. Nach circa fünf Minuten nimmt die Ärztin die Ohrenschützer wieder ab. Lobt mich für meine kräftige Stimme. Sogar durch die Kopfhörer sei ich gut zu hören gewesen. Ich bin leider zu heiser, um zu antworten. Dafür sind die Schmerzen weg. Kaum zu fassen, aber sie hat es wirklich geschafft. Eine Zauberin. Sie sieht mein dankbares Strahlen, sagt:

«Keine Angst, die Schmerzen werden schon in Kürze wieder zurück sein. Machen Sie mal so.»

Ich mache mal so. Tatsächlich, da sind sie wieder. Eine Zauberin.

Frage, während ich mich anziehe, mit brüchiger Stimme:

«Werden diese Schmerzen denn jetzt für immer bleiben?»

«Nein, aber ganz von selbst gehen sie auch nicht wieder weg. Da wird schon noch ein wenig mehr notwendig sein.»

Ich bin auf alles gefasst. Was kann schon kommen? Spritzen, weitere Brutalo-Massagen, eine Operation, eine Rückentransplantation. Mit solchen Dingen muss man rechnen. Cyborg-Technologie, wahrscheinlich mit Neuro-Nano-Photonen-Transmittern! Egal, wenn es dem Rücken dient, bin ich doch der Letzte, der sich dem technologischen Fortschritt verweigert. Ich habe keine Angst. Selbstverständlich nicht. Wenn ich Angst hätte, wäre ich ja gar nicht hier. Ich werde tun, was zu tun ist. So bin ich eben. Das ist nun mal meine Natur. Ich bilde mir da nichts drauf ein, aber ich weiß um meine Entschlossenheit. Auch bei unpopulären Entscheidungen. Gerade dem Rücken gegenüber. Vielleicht muss ich auch zu einem Spezialisten. Vermutlich. Das wird nicht ausbleiben. In die USA. Da sind ja nun mal die Spezialisten. Kann man nichts machen. Oder Fernost, das kann auch sein. Da sind auch noch Spezialisten. Wenn's noch spezieller wird. Da war ich ja noch nie. Aber wenn's nicht anders geht, dann eben so. Womöglich in einem Spezialhubschrauber. So was wie Air Force One. Nur für Rücken. Ich fliege mit Rückenwirbel Eins. Im Auftrag ihrer Majestät, des Rückens. Ich werde das durchziehen. Mich kann nichts schocken. Ich weiß doch, wie es läuft. Hätte ich gemeint. Denn auf das, was nun kam, kann man nicht vorbereitet sein. Die Ärztin reicht mir ein DIN-A4-Blatt.

«Hier, das sind Übungen. Für den Rücken. Die machen Sie ab sofort fünfmal täglich, alle acht, dann ist das in zwei Wochen … na ja, also dann sind erst mal zwei Wochen vorbei.»

Rückenübungen, auf einem kopierten DIN-A4-Zettel. Kann es eine popligere, demütigendere Therapie geben? Fast zwei Billionen Euro stecken Staaten und Unternehmen jährlich in die medizinische Forschung. Und was bekomme ich davon raus? Einen kopierten DIN-A4-Zettel voller Rückenübungen. Mit Strichmännchen. Das bin ich gar nicht. Keines dieser Strichmännchen sieht mir auch nur im Entferntesten ähnlich. Wie soll ich denn das nachmachen? Da stimmt ja die ganze Statik nicht. Man sollte diese Zettel mit Olivenmännchen bebildern. Dann ließe sich da sehr viel besser mit arbeiten. Ich hab mir dann die Mühe gemacht. Also alles noch mal neu gezeichnet mit Olivenmännchen. Hab natürlich auch neue Übungen hinzugefügt. Klar, wenn ich alles neu machen muss, kann ich da meine eigenen Übungen ergänzen. Hab ich gemacht. Viel im Liegen. Dann auf die Seite und acht Stunden halten. Schöne Übungen. Haben Spaß gemacht. Stecke den Zettel ein und schaue die Ärztin an.

«Kann ich denn nicht wenigstens ein verschreibungspflichtiges Hammermittel kriegen? Irgendetwas, das mir das Gefühl gibt, in meinem Schmerz ernst genommen zu werden? Da muss auch gar nichts drin sein. Nur die Packung. Damit ich das Freunden erzählen kann. Die lachen doch!»

Sie schüttelt den Kopf.

«Nee, sonst arbeiten Sie mir am Ende doch noch als Pony. Aber ich habe was anderes für Sie.»

Die Medizinerin drückt mir eine CD in die Hand.

«Schauen Sie mal. Das ist ein Mitschnitt Ihrer Schmerzensschreie von eben. Wenn Sie das als Erinnerungssignal auf Ihrem Handy speichern, vergessen Sie garantiert nie, die Übungen zu machen.»

Interessanter Ansatz.

Die wahrscheinlich unspektakulärste Sehenswürdigkeit der Welt

Direkt nach der Lesung in Wulster in der Wulstermarsch fragt mich die Veranstalterin: «Sie wissen ja sicher, was hier ganz in der Nähe ist, oder?»

Sie fragt dies auf jene Art und Weise, wie einen beispielsweise Computernotdienstfachleute fragen: «Sie haben doch bestimmt von der Festplatte und allem immer regelmäßig Sicherheits-Backups gemacht, oder?» Ebendiese Art Fragen, die eigentlich auf nichts anderes als auf eine subtile Demütigung abzielen. Praktisch nur dazu dienen, den Triumph der Besserwisserei vorzubereiten.

Wer weiß denn schon, was in der Nähe von Wulster ist? Beziehungsweise was oder wo Wulster an sich eigentlich ist? Außer den Wulsteranern wohl kaum jemand. Das ist auch der Veranstalterin vollkommen bewusst. Nur deshalb fragt sie: «Sie wissen ja sicher, was hier ganz in der Nähe ist, oder?»

Damit dann der geradezu unvermeidliche Dialog des Erstaunens beginnt und ich antworten muss: «Nein, ich weiß ganz und gar nicht, was hier ganz in der Nähe ist.» Worauf sie erwidert: «Haha, da werden Sie staunen! Hier ganz in der Nähe ist nämlich das Diesunddiesunddasunddas!»

Sodass ich staune: «Ach? Das Diesunddiesunddasunddas? Dass das hier in der Nähe ist, das Diesunddiesunddasunddas, das wusst ich nicht.»

Was sie jubilieren lässt: «Jaahaa, das ist wohl was, was kaum wer weiß vom Diesunddiesunddasunddas. Dass das hier in der Nähe ist, das Dasunddas. Weil's Diesunddies mal anders hieß. Aber jetzt ist das das Dasunddas. Krass, was?»

Auf diese Weise entspinnt sich dann über häufig mehrere Minuten ein ebenso fröhliches wie aufschlussreiches Gespräch. Gern beim Essen, und so endet der Abend für mich nicht selten belehrt und wohlgenährt. Doch an diesem Abend in der Wulstermarsch habe ich, was wirklich nur sehr selten vorkommt, tatsächlich mal ein kleines Böckchen. Als ob ich die Spielregeln nicht kennen würde, antworte ich: «O ja, natürlich weiß ich, was hier ganz in der Nähe ist!»

Sie ist unübersehbar enttäuscht. «Ach, das wissen Sie? Hm, sonst weiß das nie einer, was hier ganz in der Nähe ist.»

«Tja, da bin ich wohl ein bisschen anders. Ein bisschen gewissenhafter als die anderen Autoren. Mir sind die Orte, zu denen ich fahre, eben nicht egal. Ich informiere mich natürlich vorher. Wie sieht das denn sonst aus? Nach Wulster fahren und dann gar nichts über Wulster wissen – haha! Das wäre ja wohl peinlich, was?»

«Wilster», sagt sie.

«Was?»

«Unser Ort heißt Wilster, nicht Wulster», präzisiert die Frau unbeirrt freundlich.

«Oh. Äh, ja, natürlich. Aber das passiert mir oft. Also dass ich ‹i› und ‹u› verwechsle. Geht mir auch bei größeren Städten so, wie Parus, Madrud oder Huldesheum ...»

Sie lacht. «Herrlich. Immer im Dienst, was? Da wäre ich jetzt fast reingefallen. Aber jetzt weiß ich auch, was Sie denken, was ich meine.»

«Bitte?»

«Das Atomkraftwerk. Sie denken, das meine ich.»

Ach so, das hätte ich theoretisch wirklich gemeint haben können. Brunsbüttel ist nicht weit. Warum nicht? Beschließe zu meinen, was sie meint, dass ich gemeint hätte. Sage also: «Genau! Ihr berühmtes Atomkraftwerk hier!»

Sie schüttelt sich. «Nix berühmt! Das olle Atomkraftwerk. Als wenn wir da nun so stolz drauf wären. Nein, hier ganz in der Nähe ist was, das haben Sie wirklich noch nie gesehen.»

Jetzt bin ich aber doch neugierig. Was habe ich denn wohl wirklich noch nie gesehen? Sie triumphiert.

«Den tiefsten Punkt Deutschlands!»

«Wen?»

«Also ohne Graben, Bohren oder so. Die auf natürliche Weise tiefste Stelle unseres Landes.»

Denke spontan: Oh, das interessiert mich jetzt aber gar nicht. Antworte jedoch gewieft: «Soso.»

«Ja, das hätten Sie nicht gedacht, was?»

Damit hat sie allerdings recht. Sie freut sich, und ich freue mich mit. Wir sind beide glücklich und erleichtert, dass ich am Ende doch nicht wusste, was hier ganz in der Nähe ist. Sekunden vollkommenen Glücks, bis sie fragt:

«Wollen Sie sich das mal angucken?»

Kurzer Exkurs: Bei Menschen aus Orten mit nur einer Sehenswürdigkeit ist es unmöglich, das Besehen dieser Würdigkeit würdevoll zu umgehen. Trotz etwaiger Widrigkeiten ist stets davon abzusehen, das Besuchen zu verschmähen.

Nun gut. Da ich am nächsten Abend in der Schweiz lesen soll, geht mein Zug gleich am Morgen. Die Veranstalterin ficht das nicht an: «Kein Problem, dann hole ich Sie eben um 6.15 Uhr ab und fahre vorher noch mit Ihnen zum tiefsten Punkt. Das macht mir nichts aus.»

Ihr nicht.

Am nächsten Tag sehe ich um Punkt 6.51 Uhr zum ersten Mal in meinem Leben den tiefsten Punkt Deutschlands. Es ist die wahrscheinlich unspektakulärste Sehenswürdigkeit der Welt. Sie besteht aus einer Bank, einer Tafel und einem Pfeil, der auf ein Stück Wiese zeigt, welches schon irgendwie ein bisschen tiefer liegt als der Rest der Wiese drumrum. Aber eben auch nur so ein bißchen. Der tiefste natürliche Punkt Deutschlands ist maximal eine Delle. Eine Wiesendelle. Ich bin um Viertel nach fünf aufgestanden. Habe mich über eine halbe Stunde tief in die Wilstermarsch fahren lassen. Um dort bei Temperaturen um den Gefrierpunkt auf eine Wiesendelle zu starren.

Rund zwanzig Minuten lassen wir die Sehenswürdigkeit auf uns wirken. Und sie wirkt gewaltig. Keiner kann etwas sagen. Zwanzig Minuten lang. Die tiefste Fassungslosigkeit Deutschlands. Dann denke ich aber: Bitte, Horst, das ist unhöflich. Die Frau ist extra in aller Frühe aufgestanden. Du musst mit ihr reden. Etwas Nettes sagen. Bedeutsames. Freundliches. Irgendeine Spielart der Konversation, die ihr ein gutes Gefühl gibt und für die du dich nicht verurteilst. Sage jedoch zu meiner großen Enttäuschung: «So, das ist denn jetzt also die tiefste Stelle Deutschlands.»

Und nach einer erneut verwegen gedehnten Pause: «Sieht man so gar nicht.»

Sie antwortet sofort: «Ja, das sagen alle.»

Erschöpft von unserem Dialog, verharren wir weitere zehn Minuten schweigend vor der Sehenswürdigkeit.

Als ich eine halbe Stunde später in den Zug steige, verabschiedet sich die Frau: «Sie müssen unbedingt bald noch einmal wiederkommen. Dann aber mit mehr Zeit.»

Und ich denke: Genau. An einem Tag schafft man das ja alles gar nicht. Wer weiß, was hier noch so alles ganz in der Nähe ist? Vielleicht die leerste Stelle Europas. Also nicht gesprengt oder so, sondern die auf natürliche Weise leerste Stelle Europas. Da würde ich mich gerne mal reinstellen.

Trendfitness

Im Haus gegenüber wohnt seit ein paar Wochen eine junge Frau, die jeden Abend irgendeine Form von Fitness macht. Wahrscheinlich Pilates, Zumba, Bokwa oder ähnliche dem richtigen Sport verwandte Übungen zu lauter Musik. Trendfitness eben.

Schaue ihr zu, während ich bei Frau Schwirrat die Fenster putze. Anfangs hatte ich ein schlechtes Gewissen. Also der Frau bei ihrem Workout zuzugucken. So wie mittelalte Männer meistens ein leicht schlechtes Gewissen haben, wenn sie jungen Frauen bei irgendwas zuschauen.

Aber dann dachte ich: Meine Güte, es ist ja wohl nicht meine Schuld, wenn die Frau jetzt ausgerechnet da tanzen muss, wo ich nun zufällig hingucke. Ich lebe hier schließlich schon länger. Ich habe bereits in ihr Fenster geguckt, als da noch ein Mann wohnte, der so aussah wie ich und häufig nur mit einer Unterhose bekleidet auf dem Balkon saß. Da hab ich mich auch nicht beschwert, obwohl das nun wirklich nicht immer schön war. Wenn ich morgens die Vorhänge aufzog und mein erster Eindruck vom neuen Tag dieser Mann war, dachte ich meist: «Der Mond ist aufgegangen.» Der Balkon gegenüber ist nämlich leider nicht durch ein Mäuerchen, sondern nur durch Gitterstäbe umgrenzt. So konnte man alles sehen. Vom Kopf über den Bauchnabel bis hin zu den Birkenstocklatschen. Genau solche, wie auch ich sie habe. Außerdem trug er meist Socken in allen Schattierungen der reichhaltigen Brauntonfarbpalette.

Selbst seine eigentlich modischen Hipsterunterhosen

konnten da nichts mehr retten. Auch wenn ich ähnliche trage und die wirklich okay sind. Doch das ist irrelevant. Jede Unterhose wäre bei diesem Mann oder mir wohl eher unvorteilhaft, wenn wir sie mit braunen Socken und Birkenstockschlappen kombinieren. Das Problem ist nicht die Unterhose. Mitnichten! Ich möchte es mal so ausdrücken: Mit dem Betrachten und Begreifen der wahren Schönheit von Männerunterhosen ist es ja letztlich so ähnlich wie mit der Freiheit. Ihren wahren Wert begreift man erst, wenn sie nicht mehr da sind.

Bei der jungen Frau hingegen ist jedes Kleidungsstück perfekt. Wohlbedacht gewählt. Obwohl außer mir überhaupt niemand zuschaut. Und auch ich sollte ja eigentlich nicht zuschauen.

Marion Reuter, meiner Freundin vor rund dreißig Jahren, sollte ich zuschauen. Damals wollte ich nicht. Seinerzeit hießen diese Übungen noch nicht «Workout», sondern «Aerobic». Noch etwas früher sogar «Tanz-Fitness», «Skigymnastik» oder einfach «Training». Die Musik kam von CDs, davor Musikkassetten, Langspielplatten, plärrenden Transistorradios. Und für den Sport gab es noch keine spezielle Mode in dem Sinne, sondern nur Zeug. Statt atmungsaktiver, gutgeschnittener Funktions-Fitness-Basic-Wear trugen wir Sportzeug. Das war der Fachbegriff. Die heutige Trainingskleidung signalisiert auf Anhieb: Schau, ich bin sportlich. Ich achte auf meinen Körper. Ich trage meine Sportkleidung auch zum Kaffeetrinken, so sportlich bin ich. Mein Kaffee ist übrigens genauso sportlich wie meine Kleidung. Er heißt wie sein Röstverfahren, und ich kenne das Land, in dem die Bohne wächst.

Wir kannten früher nur Filterkaffee in den fünf Geschmacksrichtungen: normal, alt, heiß, egal und kalt. Jeder hatte da sein Lieblingsflavour, manchmal noch mit den Toppings Kondensmilch und Würfelzucker.

Hin und wieder denke ich, dass ich auch gern jeden Tag so ein Fitness-Workout-Programm machen würde. Aber ich grause mich einfach zu sehr davor, die dafür nötige Kleidung anzuziehen. Es steht zu befürchten, dass mein Körper diese Kleidung abstoßen würde, so wie manche Körper ein nicht passendes Organ nach einer Transplantation. Nur dass dies bei der Kleidung natürlich nicht unter ärztlicher Aufsicht geschieht und ich dann trotzdem irgendwie in dem Fitnessoutfit rumlaufe, obwohl mein Körper es längst abgestoßen hat. Was jeder außer mir auch sofort sieht. In Berlin kann man solche Fälle misslungener Fitnesskleidungstransplantationen jeden Tag zuhauf auf der Straße beobachten.

Das Sportzeug von früher dagegen war anders drauf. Schon beim Anziehen fauchte es einen an: «Wrräääähh, isch bin das Sportzeug. Na los, du Sau! Schwitz mich voll! Uuaarrhh!!!!» Es war ohne Allüren. Machte nur seinen Job und wollte dann auch zügig wieder gewechselt werden. Ein Wunsch, an dem es nicht den geringsten Zweifel ließ, indem es verlässlich stank. Wobei auch das Stinken früher gesellschaftlich nicht so sehr geächtet war wie heutzutage. Es galt nicht als Ausdruck hygienischer Versäumnisse oder körperpfleglicher Nachlässigkeiten, sondern als Zeugnis durchlebter Anstrengungen. «Wo gearbeitet wird, wird auch gestunken», wusste der Volksmund, und Sätze wie «Mama, wenn ich groß bin, möchte ich auch so stinken können wie dieser Mann da!» waren nichts Ungewöhnliches. Erst als die Menschen die Fähigkeit entwickelten, auch ohne Arbeit zu stinken, sank die gesellschaftliche Achtung vor dem Körpergeruch rapide. Das alte Sportzeug kommt noch aus der Ära des «Ich stinke, also bin ich!». Mit dieser Haltung gewinnt man heute nur schwer Freunde. Und falls doch, sind das meistens ziemlich komische Leute.

Die Pharmaindustrie denkt wohl schon ernsthaft über eine Anti-Stinker-Impfung nach, die bewirkt, dass die Duftstoffe, die über das Schwitzen ausgeschieden werden, nach der Impfung anders riechen. Angenehm und luftig eben. Natürlich soll es unterschiedliche Duftrichtungen geben. Alle halbe Jahre muss ohnehin aufgefrischt werden. Wer will, kann dann auch mal einen anderen modischen Schweißgeruch ausprobieren. Sollte das klappen, könnte man so theoretisch sogar das Wäschewaschen erledigen. Indem man die Kleidung einfach mal richtig durchschwitzt, bis sie wieder frühlingsfrisch duftet. Aber das ist im Moment natürlich alles noch Zukunftsmusik. Oder eben der Geruch von morgen.

Frau Schwirrat macht mich darauf aufmerksam, dass ich jetzt seit fast einer Stunde die immer gleiche Stelle des Fensters putze. Dann sieht sie die junge Frau bei ihren Übungen und lacht.

«Ach deshalb. Ich war ja früher mal ganz genauso.»

«Sie haben Workout gemacht?»

«Wir nannten das ‹Jazzgymnastik› und haben dazu unsere Turnsachen getragen.»

«Hat es Sie gestört, wenn Ihnen mittelalte Männer dabei zugesehen haben?»

«Damals gab es noch keine mittelalten Männer. Ich war jung. Daher gab es nur Jungs und alte Männer. Wissen Sie, solange Sie nicht der jungen Frau die Schuld dafür geben, dass es Ihnen unangenehm ist, ihr gerne zuzusehen, ist wahrscheinlich alles in Ordnung. Ach. Früher hat da ja ein gar nicht mal so unattraktiver junger Mann gewohnt, der sich häufig leicht bekleidet auf dem Balkon gesonnt hat. Da habe ich auch gerne hingesehen.»

Lächelnd streichelt sie die Katze und verlässt dann das Zimmer. Bin mir plötzlich gar nicht mehr sicher, ob der Mann wirklich so ausgesehen hat wie ich.

Jung, sexy und arbeitslos in Bayern

Auf dem Bahnsteig in Ebersberg bei München steht eine Gruppe Bayern-Fans und singt leicht leiernd:

«Wir sind jung, sexy und arbeitslos in Bayern,
wir können nix, außer saufen und feiern!
Hey Ho!»

Wann immer ich irgendwo Bayern-München-Fans sehe, habe ich stets ein bisschen Mitleid. Diese stupide Titelzählerei stelle ich mir sehr anstrengend vor. Dazu die ständige Angst, man könnte doch mal verlieren oder womöglich Zweiter werden. Als gebürtiger Werder-Bremen-Fan und zudem bekennender Sympathisant der Berliner Vereine kann ich guten Gewissens sagen: Diese Angst am Ende der Saison, womöglich Zweiter geworden zu sein, ist uns eher fremd. Ein Werder-Bremen-Fan denkt ohnehin nicht in Titeln, sondern in Wundern. Die sind schließlich auch wahrscheinlicher.

Doch dem Mitgefühl für die armen Bayern-Fans mit ihrer sie nicht loslassen wollenden Angst vor zweiten Plätzen tut das natürlich keinen Abbruch. Sie sind sympathisch. Insbesondere aufgrund ihrer in Endlosschleife gesungenen, ehrlichen Eigenwerbung:

«Wir sind jung, sexy und arbeitslos in Bayern,
wir können nix, außer saufen und feiern!
Hey Ho!»

Wobei es diesen Gesang natürlich für viele Bundesländer gibt. Ich habe ihn zumindest schon in fast allen gehört. Sehr bekannt beispielsweise:

«Wir sind jung, sexy und arbeitslos in Hessen,
wir können nix, außer saufen und ...»

Den Reim kann sich jeder selber machen. Etwas origineller dagegen:

«Wir sind jung, sexy und arbeitslos in Meck-Pomm
und überlegen Tag und Nacht, wie wir hier wegkomm'!»

Stärkere Variationen und sogar inhaltliche Volten findet man in ehrgeizigeren Bundesländern wie Sachsen-Anhalt.

«Wir sind jung, sexy und wach in Sachsen-Anhalt
und selbst des größten Schwachsinns treuster Anwalt!»

Ein Freund aus Halle erklärte mir dazu vor einigen Jahren: «Das ‹arbeitslos› lassen wir in Sachsen-Anhalt einfach weg, weil is' ja eh klar.» Hey Ho!
Für Berlin kenne ich dieses Lied übrigens nicht, wohl aber in Regionalvarianten, anhand deren es auch innerhalb eines Bundeslandes zu Nickligkeiten kommt:

«Wir sind jung, sexy und arbeitsscheue Schwaben
und mögen viel lieber duschen als Baden.»

Wobei interessant ist, dass in Baden-Württemberg statt arbeitslos arbeitsscheu gesungen wird. Vermutlich weil der

Begriff «arbeitslos» dort selbst für Fangesänge zu unglaubwürdig ist.

Die Fahrt von Ebersberg zum Münchner Hauptbahnhof dauert nur rund eine Dreiviertelstunde. Da lohnt es sich kaum, etwas Richtiges anzufangen. Deshalb erledige ich nur Dringliches mit dem Smartphone. Das heißt, ich spiele Fruit-Ninja. Aus gutem Grund. Nachdem die Freundin meinen Highscore pulverisiert hatte, hat sie ein Bildschirmfoto gemacht, es mir zugeschickt und unterschrieben mit: «Nimm das, du Wurst-Ninja!» Seitdem arbeite ich an meinem Highscore, um ihr irgendwann mal eine Antwort-MMS zu schicken, die sich gewaschen hat.

Die ältere, sehr gepflegte Dame neben mir schaut mir unverhohlen beim Spielen zu. Dann fällt ihr Blick auf meinen Notizblock. Ich habe schon mal ein erstes Brainstorming für mögliche Schmähnamen gemacht, mit denen ich die triumphale Antwort an die Freundin schwungvoll abrunden könnte:

«Vize-Ninja», «Fräulein Zweiter Sieger», «Schnibbel-Bibbel», «Du ahle Dreckschlübber, du!».

Der richtige Begriff ist leider noch nicht dabei. Denn ich suche eine Verhohnepiepelung, die ebenso geistreich wie scharf und aristokratisch ist. Ich fürchte, «Du ahle Dreckschlübber, du!» leistet das nicht. Außerdem ist es meiner Meinung nach auch eine Beschimpfung für einen Mann. Beschimpfungen mit Kleidungsstück-Hintergrund sind grundsätzlich meist eher für Männer geeignet. «Pullunder-Gesicht!», «Flanellhemd-Rocker!», «Du Nasen-Socke!» – so was sagt man doch, wenn überhaupt, nur zu Männern.

Die Frau neben mir nimmt plötzlich ihr Handy. Das

Spiel auf meinem Bildschirm lässt sie jedoch nicht aus dem Auge. Dann spricht sie: «Ja, guten Tag, Frau Möller, ich rufe an, weil ich jetzt doch ein gutes Thema für das letzte Psychologieseminar des Semesters gefunden habe. Was halten Sie von ‹Spielsucht im Alter›?»

Ich haue vor Schreck voll auf die nächste Bombe und explodiere. Lege entnervt das Handy weg. Die Frau lacht.

«Sind Sie jetzt beleidigt wegen der Spielsucht oder des Alters?»

«Ich bin nicht beleidigt.»

«Aha, also wegen beidem.»

Sie lacht schon wieder. Das Schlimmste ist, dass sie auch noch recht hat und zu allem Überfluss irgendwie nett ist. Eine schlagfertige Antwort wäre jetzt schön, aber die meisten schlagfertigen Antworten fallen einem ja immer erst Wochen später ein. Stattdessen fährt sie fort:

«Keine Angst, ich halte Sie weder für spielsüchtig noch für alt.»

«Hmmm. Und warum haben Sie dann extra so laut telefoniert, dass ich auch garantiert alles mithöre?»

«Also bitte. Ich bin Psychologin. Wir nutzen natürlich jede Gelegenheit im Alltag, um andere Menschen zu deprimieren. Aus Kollegialität gegenüber den Kollegen. So erhalten wir uns gegenseitig den Nachschub für unsere Praxen.»

Ich bin mir wirklich nicht sicher, ob sie das im Scherz meint.

Auf dem Bahnsteig in München haben die Bayern-Fans ein neues Spiel für sich entdeckt. Sobald einer von ihnen einen Anruf bekommt, von seiner Freundin oder Mutter oder so, springen alle anderen um ihn herum und singen ganz, ganz laut: «Zu laut zum Telefonieren! Zu laut zum Telefonieren!!» Schön, aber mir fehlt ihr alter Gesang. Der hatte so was Meditatives. Versuche, für sie einzuspringen, und singe holpernd:

«Wir sind jung, sexy und allesamt Patienten,
sichern so den Psychologen ihre Renten!
Hey Ho!»

Die Bayern-Fans klatschen anerkennend Beifall.

Ultimate surfing

Eines der Dinge, die man bei meinem äußeren Erscheinungsbild eher nicht vermuten würde, ist, dass ich ein wirklich leidenschaftlicher Athlet bin. Laufen, schwitzen, sich auch mal quälen, das begeistert mich. Wirklich wahr, ich mache einfach wahnsinnig gerne Sport. Aber mein Körper eben nicht. Und das beschreibt auch schon eines unserer wesentlichen Probleme: Mein Körper hat einfach oft seinen eigenen Kopf. Wir ziehen häufig nicht am gleichen Strang, was gerne zu schier endlosen Diskussionen zwischen uns führt. Bei denen er dann oft zum Neunmalklugen neigt und Sachen sagt wie:

«Ach ja, mach du mal deinen Sport, ich bleib hier liegen.» Und dann kann man gar nichts machen. Er sitzt da ja auch am längeren Hebel.

Wenn ich nur über sportliche Aktivitäten nachdenke, ergreift mein Körper schon Abwehrmaßnahmen. Bevorzugt: Fluchtschlaf.

Rein mental könnte ich wohl ohne weiteres Leistungssportler sein. Ein Großteil der Anforderungen, gerade im Bereich Interviews oder Verträgeaushandeln, würden für mich kein Problem darstellen. Nur mein Körper hat einfach kein Interesse, und ohne ihn hat es ja keinen Zweck. Das ist natürlich alles reichlich unerfreulich für mich und wirkt sich nicht zu knapp auf mein Erscheinungsbild aus. Offen gestanden würde ich sogar so weit gehen zu behaupten: Wenn ich einen anderen Körper hätte, könnte ich ganz anders aussehen.

Da ich aber trotzdem nicht völlig auf körperliche Aktivitäten verzichten möchte, bin ich also stets auf der Suche nach einem Sport, den man vor seinem Körper geheim halten kann. Weshalb ich mich, wann immer ich kann, auch über diese modernen, neuartigen, teilweise auch ziemlich elitären Trendsportarten informiere. Denn die kennt er noch gar nicht. Da riecht er den Sportbraten nicht schon frühzeitig. Und so habe ich kürzlich endlich mal was für mich gefunden. Es heißt «Ultimate surfing», und das Besondere daran ist, dass es auf allen unnötigen Schnickschnack verzichtet, was mir sehr entspricht. Also im Prinzip ist das schon normales Windsurfen. Aber eben ohne Anzug, ohne Segel, ohne Brett, ohne Wasser, ohne alles. Nur der reine Sport! Absolut puristisch! Also eigentlich steht man da einfach nur so im Wind und denkt sich: So, das ist jetzt also mein Sport.

Natürlich üben diese Disziplin nur ganz wenige aus. Daher kann man sie schon als ziemlich elitär bezeichnen. Obwohl sie gar nicht so teuer ist. Eigentlich braucht man nichts, außer einen Platz, wo es ordentlich zieht. Das findet man nun wirklich überall. Selbst indoor. Nur zwei Fenster auf, schon hat man ideale Bedingungen. Wenngleich manche Ultimate-Surfer sogar noch extremer sind. Die machen teilweise auch «ohne Wind». Das ist dann praktisch nur so stehen. Aber das wär nix für mich. Meines Erachtens ist das schon gar kein richtiger Sport mehr.

Stattdessen plane ich für die Ferien, auch mal «Ultimate mountain trekking» zu probieren. Wie ich hörte, ist das quasi Bergwandern, aber eben ohne Ausrüstung, ohne Sauerstoffgerät, ohne Berge und auch ohne Wandern. Wenn ich das recht verstanden habe, sitzt man einfach nur irgendwo erhöht und genießt die Aussicht. Das Einzige, worauf man achten sollte, ist die regelmäßige Flüssigkeitszufuhr. Damit der Körper nicht dehydriert.

Also «Ultimate mountain trekking» mit Tischbedienung. Im Schatten. Das wäre, glaube ich, mein Sport.

Ich kann dir nicht lange böse sein

Angefangen hatte alles mit einem Streit. Einem heftigen Streit. Es ging um Druckerpapier, das ich angeblich vor Wochen aufgebraucht hätte, ohne es nachzukaufen, und nun, wo sie auch einmal was ausdrucken wollte, sei nichts da! Ich beteuerte, Druckerpapier gekauft zu haben, das nun aber, warum auch immer, irgendwie verschollen sei. Wofür ich ja wohl auch nichts könne. Was die Freundin aus Prinzip bestritt, woraus sich ein Disput entwickelte, in dessen Verlauf zwangsläufig auch Begriffe fielen wie Verschussel-Faschist oder stalinistisch-feministischer Druckerpapierplanwirtschaftstotalitarismus. Was zwar alles hochironisch-humorvoll gemeint war, jedoch nicht so verstanden wurde, weil Ironie ab einer gewissen Lautstärke das Spielerische verliert. Irgendwann aber kehrte auch wieder Stille ein, die natürlich alles nur noch viel schlimmer machte.

Von da an, das war mir klar, tickte die Uhr. Ich hatte nun drei bis vier Stunden Zeit, eine Friedensinitiative zu starten. Täte ich das nicht, würde sie das übernehmen, was zunächst natürlich bequemer wäre, aber beim nächsten Streit zur Folge hätte, dass ich mich auch noch mit dem Vorwurf konfrontiert sähe, nie konkret nach Lösungen zu suchen, da ich mich nicht um die Beziehungshygiene kümmere und so weiter und so fort. Eine zugegeben recht brillante Strategie ihrerseits, die es mir zunehmend verunmöglicht, nach Streits die eigentlich meinem Naturell entsprechende Taktik des So-lange-Schmollens-und-Schweigens-bis-alles-von-alleine-wieder-gut-ist anzuwenden. Stattdessen bin ich ständig gezwungen, konstruktive Ideen zu entwickeln, die ja bekanntlich auch nicht auf Bäumen wachsen. Da hat man doch irgendwann schon fast gar keine Lust mehr, überhaupt noch zu streiten. Bei dem Rattenschwanz, den das immer nach sich zieht. Manchmal allerdings mache ich es mir auch einfach. Mit Vorschlägen, von denen ich hoffe, dass sie sie süß findet, was auch schon viel hilft. Oder solchen, die quasi immer reflexartig stimmungsaufhellend wirken.

Also behauptete ich, da ich ohnehin Druckerpapier besorgen müsse, würde ich gleich auch mal nach einem neuen Anzug schauen wollen. Ob sie mich nicht beraten könne. Das würde mir sehr helfen und viel bedeuten. Ließ zudem noch die Bemerkung fallen, dass sich dann ja vielleicht auch für sie was entdecken ließe. Denn schließlich bin ich ein schlauer Fuchs, und das ist ein Satz, der seine Wirkung nie verfehlt. Dachte ich. Erste Zweifel hätten aufkommen sollen, als ich gerade einen Anzug anprobiert hatte und sie meinte: «Ein Anzug beweist sich im Gehen! Lauf doch mal durch die Kaufhausetage und zurück.»

Als ich zurückkam, war sie mit meinen Sachen, meiner Tasche und natürlich auch dem Portemonnaie, Handy und überhaupt allem spurlos verschwunden. In diesem Moment, als ich ohne alles, nur mit einem unbezahlten Anzug bekleidet, im Kaufhaus stand, da wurde mir klar, dass sie in Gedanken wohl doch noch irgendwie bei unserem Streit gewesen sein muss.

Weder Geld, um den Anzug oder etwas anderes zu kaufen, noch ein Handy, um Hilfe zu rufen, hatte sie mir gelassen. Ich weiß nicht, wer schon einmal Stunden in einem Kaufhaus verbracht und ungefähr sechzig verschiedene Anzüge anprobiert hat, nur um Zeit zu gewinnen. Damit erst mal nichts auffällt. Als wenn es unauffällig wäre, eine komplette Kaufhauskollektion durchzuprobieren. Erst kurz vor Ladenschluss, nach Einbruch der Dunkelheit, hatte ich mich endlich mit meinem Schicksal abgefunden und war innerlich gerüstet für meinen Gang nach Canossa. Also notgedrungen nur in T-Shirt und Unterhose nach Hause zu laufen. Im November.

Als ich die Freundin später schnäuzend fragte, ob sie wirklich glaube, dass das eine angemessene Strafe für meinen Druckerpapier-Fauxpas gewesen sei, meinte sie, es ginge gar nicht um das olle Papier. «Nicht? Worum denn dann?», hakte ich nach. Das wisse ich ganz genau.

Das ist übrigens einer dieser Sätze, die mich immer ratlos zurücklassen. Ausnahmslos. Sprich: Ich wusste natürlich nichts. Doch anders als sonst gab ich es diesmal auch zu.

Daraufhin erklärte sie, es sei natürlich wegen dieser Situation, in die ich sie gebracht hätte, als sie da im Supermarkt an der Kasse stand. Alle Einkäufe auf dem Band und sie ohne Geld, weil ich, ohne Bescheid zu sagen, die letzten Scheine aus dem Haushaltsportemonnaie genommen hätte für irgendeinen Quatsch. Und das alles mit dem schreienden Kind vorm Bauch im Tragetuch.

Nun kam es zwischen uns zu folgendem Dialog:

Ich: «Aber das ist jetzt vierzehn Jahre her!»

Sie: «Ja und? Ist es darum jetzt plötzlich super oder auch nur weniger schlimm?»

Ich: «Ich hab mich damals tausendmal entschuldigt, wochenlang den Abwasch gemacht, alle Fenster geputzt, bei Wind und Wetter das Lüften des Kindes im Tragetuch übernommen und war bei mehreren Streits konstruktiv, obwohl ich noch gar nicht wieder an der Reihe gewesen wäre.»

Sie: «Ja und?»

Ich: «Du hast irgendwann auch gesagt, es wäre wieder gut.»

Sie: «Ja und? Hast du dich noch nie getäuscht?»

Ich: «Vierzehn Jahre!»

Sie: «Weißt du noch, wofür du das Geld damals gebraucht hast?»

Ich: «Nein. Das heißt doch. Für einen Anzug. Ich brauchte einen billigen Anzug für irgendeinen Auftritt. Deshalb?»

Sie: «Der Anzug im Kaufhaus heute war so was wie ein Trigger.»

Und dann kam dieser Satz, der mich seitdem beschäftigt. Ein Satz, der für mich eine neue Welt des Denkens eröffnete:

«Eigentlich sollte ich jetzt wirklich sauer auf dich sein, weil du in mir so billige Rachegefühle ausgelöst und mich zu so einer albernen Tat verleitet hast, aber ich kann dir einfach nicht lange böse sein.»

Stimmt. Das Lange-böse-Sein liegt ihr offensichtlich überhaupt nicht.

Später erklärte sie mir, dass sie eigentlich gar keine tiefere Befriedigung verspüre und ihr die Aktion an sich auch irgendwie peinlich sei, nur der ganz konkrete Moment der Rache, also als sie mit meinen Sachen aus dem Kaufhaus sei – das hätte sich schon sehr gut angefühlt. Aber die Sehnsucht nach diesem kurzen Hochgefühl, die mache ihr manchmal schon ein bisschen Angst.

Mir auch.

Das Druckerpapier, deshalb bin ich ja überhaupt los, habe ich dann übrigens vergessen zu kaufen. Dafür habe ich daheim, beim Umziehen, unter einem Stapel nicht mehr ganz frisch gewaschener Wäsche, die ich schon längst hatte in den Schrank räumen wollen, das Druckerpapier gefunden.

Später, als ich das neue Papier eingelegt hatte und ihre wartenden Druckaufträge ausdrucke, kommt als letztes ein einzelnes Blatt, auf dem nur ganz groß «Tut mir leid!» steht. Beim Blick auf die angegebene Uhrzeit sehe ich aber, dass sie das schon vor unserem Streit abgeschickt hat. Als ich sie drauf anspreche, meint sie: «Jaja. Als ich gesehen habe, dass kein Druckerpapier mehr da ist, und merkte, wie wütend mich das machte, hatte ich gleich das Gefühl, das wird womöglich schlimm enden. Da wollte ich schon mal vorsorgen!»

Sie hat also die Versöhnung geplant, noch bevor sie den Streit angefangen hat. Bemerkenswert. Da könnte sich manch männliche Konfliktpartei auf dieser Welt eine Scheibe abschneiden.

Revolution 0.2 – ein Drama in einem unvollendeten Akt

«Revolution!», teilt mir der Prospekt eines Elektronikkaufhauses mit. In den Filialen dieser Elektronikeinzelhandelskaufhauskette fände jetzt eine Revolution statt. Na, da will ich aber nicht fehlen! Packe flugs alles ein, was man für eine Revolution so braucht, also die schwarz-rote Fahne, das Megaphon, Bunsenbrenner für brennende Barrikaden sowie meine kleine Reiseguillotine, und ziehe los.

«Wohin des Wegs?», fragt mich schon nach wenigen Metern ein Wachmann, während er misstrauisch den Bollerwagen beäugt, auf dem ich die kleine Reiseguillotine hinter mir herziehe.

«Ha! Habt Ihr's denn noch nicht gehört? Revolution ist!»

«Was? Revolution? Ein Umsturz? Mir wurde nichts gemeldet! Wo denn?»

«Im großen Elektronikkaufhaus! Ha!»

Der Wachmann ist skeptisch. Fragt prüfend: «Soso, und was genau sind die Ziele Eurer sogenannten Revolution?»

Potzblitz! Die habe ich in der Eile ja ganz vergessen. Was sind denn unsere Ziele? Schlage noch mal im roten Revolutionsprospekt nach.

«Sooo, Moment, da haben wir's! Wir fordern … Oh. Also, wie es aussieht, fordern wir eine Null-Prozent-Finanzierung bei Ratenzahlung für die ersten drei Monate. Uii.»

Der Wachmann kräuselt seinen stolzen Schnauzer und erkennt plötzlich den Ernst der Lage.

«Sapperlot! Ihr Bastarde! Was denkt ihr euch? Dass man das einfach so hinnehmen wird? Einen solchen Umsturz?

Null-Prozent-Finanzierung? Ihr Hirndurchnässten, ihr! Man wird euch zerquetschen! Flammen werden schlagen bis zu den Sternen! Blut wird tränken die Straßen Berlins, in Flüssen, breit genug, um nach Paragraph 2, Absatz 3 der Wasserwegeverordnung genehmigungspflichtigen Binnenschifffahrtsverkehr durchführen zu können in den reißenden Strömen des Menschensaftes! Ihr wollt die Pforten der Hölle öffnen? Nun, die Pforten der Hölle werden im Windzug der durchrauschenden Dämonen in ihren Angeln schlagen! Und das zur Mittagsstunde, wo trotz mietvertraglich vereinbarter absoluter Ruhezeit kleine Teufel Flasche für Flasche in den Altglascontainer donnern! Menschen werden sich voll Furcht in ihren Häusern verbarrikadieren und große Lautsprecher in die Fenster hängen, aus denen im Sound-Master-Big-Bore-Bass-Booster-System Helene Fischers ‹Atemlos› dröhnt. Denn sie haben die Hoffnung, so wenigstens einen Teil der Eindringlinge und Plünderer von ihren Heimstätten fernhalten zu können! Ha! Wollt ihr wirklich, dass solches geschieht?»

Sein Kopf glüht knallrot. Ich beruhige ihn.

«Nein, nein, Herr Wachtmeister. Mitnichten wollen wir das!» Denn ich habe mir mittlerweile den Revolutionsprospekt bis zum Ende durchgelesen. «Wie es aussieht, hat das Elektronikkaufhaus seiner eigenen Forderung bereits nachgegeben.»

«Ach.»

«Jaja, nach derzeitigem Informationsstand gibt es diese Null-Prozent-Finanzierung für die ersten drei Monate bei Ratenzahlung schon. Die Revolution hat gesiegt! Venceremos!!»

Der Wachtmeister lässt die Schultern hängen. Sein majestätisch gezwirbelter Schnauzer schnurrt wie von selbst zu einem Dienstleisteroberlippenbart zusammen.

«Dann ist also alle Ordnung, wie wir sie bis hierhin kannten, verloren?»

«Na ja, wie man's nimmt. Eigentlich ist so eine Null-Prozent-Finanzierung beim aktuellen Zinsniveau kein völlig wahnwitziges Angebot. Erst recht wenn sie nur für die ersten drei Monate gilt. Eigentlich ist das sogar ziemlich dämlich.»

«Ah, verstehe. Aber wessen Herrschaft hat denn nun mit dieser Revolution begonnen? Die der Doofheit?»

«Nicht mal das. Wenn ich es recht erfasse, wurde die Majestät der Beschränktheit durch diese Art der Revolution praktisch nur im Amt bestätigt.»

«Ah ja! Ach Gott, was wird wohl als Nächstes kommen?»

«Oh, ich hörte die Auguren gurren von Uhren, mit denen die Menschen selber alle auch privatesten Daten über sich sammeln. Auf dass sie diese dann unkompliziert der Welt und ihrer Versicherung beflissentlich zur Verfügung stellen können.»

«Aber das ist doch auch keine rechte Revolution, mein Herr.»

«Ach, was wäre heute denn noch eine würdige Revolution? Hat sich dieses Wort nicht längst auf T-Shirts, Limonadeflaschen und bunten Elektronikmarktprospekten zur Ruhe gesetzt?»

«Zur Ruhe gesetzt? Die Revolution? Na, da hoff ich aber mal, dass sie neben der staatlichen Rente auch privat vorgesorgt hat.»

«Ja, die Revolution ist alt geworden. Sie trägt jetzt beige

Jacken und will keine bessere, gerechtere Welt mehr, sondern ein Leben in Vollkasko.»

«Ach, wie schade. Nun ja, die alte Revolution, sie wird mir fehlen.»

Beide ab.

DAS ORDNEN

> «Wenn ein unordentlicher Schreibtisch einen unordentlicher Geist repräsentiert, was sagt dann ein leerer Schreibtisch über den Menschen, der ihn benutzt, aus?»
>
> *Albert Einstein*

In eigener Sache: Mein Alltag

Die Tochter kommt ins Arbeitszimmer, streckt mir das Telefon hin, sagt:
«Für dich.»
Ich schrecke hoch, schnauze sie an:
«Kannst du nicht anklopfen? Ich arbeite.»
«Ich habe angeklopft, aber das hast du vermutlich nicht gehört, weil du so laut geschnarcht hast.»
«Wer ist denn dran?»
«Keine Ahnung. Eine Frau.»
«Und die hat nicht gesagt, was sie will?»
«Wahrscheinlich schon. Aber ich hab gleich beim ersten Wort an ihrem Tonfall gemerkt, dass das für dich ist. Da hab ich dann nicht mehr weiter zugehört.»
Die Frau am Telefon, die leider das ganze Gespräch verfolgt hat, entschuldigt sich freundlich, dass sie mich bei der Arbeit störe und zudem auch noch geweckt habe. Dann erkundigt sie sich nach dem Text. Bin zu sehr Profi, um zu fragen, wer sie eigentlich ist. Meine Strategie geht auf. Im Folgenden verrät sie es mir von selbst. Sie arbeitet wohl in einer Agentur, die unter anderem für eine Gruppe brandenburgischer Hoteliers tätig ist. In deren Auftrag hatte sie mir vor rund zwei Monaten einen Brief geschrieben. Von mir sei keine Reaktion gekommen.
Das klingt glaubhaft.
Daraufhin habe sie mich vor knapp einem Monat nach einem Auftritt persönlich angesprochen. Ich hätte sofort gewusst, worum es geht, gemeint, meine Antwort müsse irgendwie in der «Hauspost» verlorengegangen sein, und ihr

dann «den Text» im Laufe der nächsten Tage versprochen. Da das nun, wie gesagt, mehrere Wochen her sei, wollte sie sich mal erkundigen, ob ich die Angabe «im Laufe der nächsten Tage» zeitlich etwas präziser fassen könne. Ich schlage «bis Freitag» vor, worüber sie sich fast einen Tick zu sehr freut. Vermutlich weil ihr nicht aufgefallen ist, dass ich nicht gesagt habe, welcher Freitag. Daher verabschieden wir uns freundlich.

Schaue in den Kalender. Obwohl zu meiner teilnahmslosen Verwunderung erst Dienstag ist, beschließe ich, ohne Zeitdruck umgehend nach diesem Ursprungsbrief zu suchen, um zunächst mal seriös zu recherchieren, worum es bei dieser Angelegenheit überhaupt geht. Finde ihn zusammen mit einiger anderer ungeöffneter Post gar nicht so weit vom Schreibtisch entfernt, unter einem Stapel frischgewaschener, gefalteter T-Shirts, die ich ohnehin längst in den Schrank räumen wollte. Nun räume ich sie fürs Erste etwas näher an den Schrank ran, indem ich sie auf das neue Paket Druckerpapier lege. Immerhin.

Im Brief erfahre ich, dass sich die Anfrage auf Wölfe bezieht. Die sind in Brandenburg mittlerweile wieder heimisch geworden. Einige Rudel gibt es schon. Die Population steigt rasant an, was natürlich einerseits toll ist. Doch andererseits sind es eben Wölfe. Nicht immer einfach im Umgang. Man besingt sie leidenschaftlich in Liedern, trifft sie privat aber ungern. Da man auch nie genau weiß, wie denn ihr Tag war. Das ist für die Brandenburger Tourismusbranche ein Problem. Schließlich spüren sie durchaus die moralische Verantwortung, ihre Gäste über die Wölfe zu informieren. Jedoch wollen sie sie auch nicht abschrecken. Als Kompromiss stellen sie sich eine Infobroschüre vor, die irgendwie charmant, fröhlich, mit einem Augenzwinkern die Wölfe thematisiert. Weshalb ich den Einstieg schreiben soll. Etwas Nettes, Komisches – nicht zu lang –, das den Wolf als Bereicherung für den Urlaub zeichnet, aber auch die Gefahren nicht verschweigt oder verharmlost.

Nun, jetzt, wo ich die Frage kenne, begreife ich die Freude und Überraschung der Frau darüber, dass ich ihr alles in allem bereits dreimal zugesagt habe. Beschließe, mir Anfragen in Zukunft wenigstens einmal anzuschauen, bevor ich drei Abgabetermine verstreichen lasse. Schreibe ihr dann ein Gedicht. In Anbetracht meiner völligen Überforderung eine recht raffinierte Lösung. Denn wenn man schon etwas über Wölfe schreiben muss, ist Lyrik natürlich der Königsweg. Ein Blick in die Literaturgeschichte reicht, um zu wissen, warum. Wölfe sind seit jeher sehr lyrikaffin. Habe der Frau also folgendes Gedicht geschickt:

Im edlen Feriensport-Resort beim Golf
stand kurz vorm achten Loch ein Wolf,
der Golfer dachte noch: Hui, ich schaffe heut Par 4,
doch da fraß ihn schon das hungrig Tier.

Der Partner, der das Ganze sah,
sprach: Komm, das ist ja wohl nicht wahr,
Wölfe fressen keine Menschen so an sich,
und der Wolf sprach: Oh, das wusst ich nich.

Die Antwort fiel alles in allem verhalten aus. Von der Länge her gefalle es ihnen ganz gut. Auch die Stimmung und Tonlage wären okay. Allerdings hätten die Hoteliers gerne stärker die Vorteile der Wölfe für die Urlauber rausgearbeitet. Irgendwie so die Symbiose. Das Schöne. Das käme in dieser Fassung doch ein wenig kurz.

Habe ich natürlich verstanden. Sofort genau gewusst, was sie meinen. Aber ganz genau. Im Prinzip hatte ich es mir nämlich auch schon gedacht. Aber da war das Gedicht dann schon geschrieben. Und das kennt ja jeder. Wie häufig denkt man: «Ach Mensch, da könnte man noch viel dran machen, da wäre noch einiges möglich. Schade, dass es schon fertig ist.»

Doch nun habe ich mich wirklich noch mal drangesetzt. Sofort! Ihnen ein neues Gedicht geschrieben. Eines, das die Vorteile, die der Urlauber durch den Wolf hat, berücksichtigt:

Im edlen Feriensport-Resort beim Golf
stand kurz vorm neunten Loch ein Wolf,
der Golfball flog ins Unterholz,
da dacht der Wolf sich: Ach, was soll's,
und schlug ihn einfach ungestüm
in Richtung Fahne auf das Grün.
Schaut sich des Golfers Freude an
und fraß ihn dann.

Mit dieser Fassung waren sie wohl zufrieden. Zumindest haben sie sich nie wieder gemeldet. Allerdings warte ich bis heute auf mein Honorar. Aber das sind die kleinen Zumutungen des Alltags, von denen ich hier ja sicher keinem was erzählen muss.

Nach dem Fest

Ralfs Tochter hat eine Party gemacht. Eine «Home-Party», wie es heute unter Jugendlichen heißt. In der Wohnung der Eltern. Also genau genommen müsste man wohl sagen: in der ehemaligen Wohnung der Eltern. Denn wie man das, was nach der Party von dieser Wohnung übrig geblieben ist, korrekt bezeichnen könnte, ist uns beiden unklar. Als wir mit den Töchtern die Wohnung betreten, kommen wir uns vor wie Spurensicherer, die einen Tatort begutachten. Oder Archäologen, die unter der klebrigen Party-Dreck-Kruste nach Spuren einer untergegangenen Zivilisation suchen. Doch niemand, auch Ralf nicht, kann sich vorstellen, dass hier wirklich einmal Menschen gelebt haben.

Ich sage das, was ich immer sage, wenn ich starr vor Entsetzen und ohne jede Hoffnung bin. Ich sage: «Ach, das wird schon wieder.»

Ralf sagt: «Hmmm.»

Muntere ihn weiter auf: «Na, zumindest muss man keine Angst vor versteckten Schäden haben, weil die sieht man ja alle ganz gut, was?»

Ralf sagt: «Hmmm.»

Versuche, ihn irgendwie bei Bewusstsein zu halten, indem ich weiterrede: «Aber zumindest hättet ihr die Teppiche vorher aus der Wohnung nehmen können. Das wäre klug gewesen.»

Ralf sagt: «Hmmm.» Doch dann fügt er leise weinend hinzu: «Wir haben die Teppiche vorher rausgenommen.»

«Echt? Aber was ist das dann für ein bienenstichdicker dunkler Belag auf dem Boden?»

Nun wurde er doch ohnmächtig. Allerdings ohne Umfallen. Mehr so eine stehende und sprechende Ohnmacht. Kenn ich. Habe ich auch manchmal. Vor allem in meiner Jugend hatte ich die, wenn ich mit Mädchen gesprochen habe. Stehen, sprechen, ohnmächtig sein. Hinterher die Freunde fragen, was man denn eigentlich im Großen und Ganzen so gesagt hat. Und sich dann schämen. So lange, bis man sich endlich traut, das Mädchen ein zweites Mal anzusprechen. Falls überhaupt. Doch dann, als man alles wieder zurechtrücken will, erneut: stehen, sprechen, ohnmächtig sein. Manche Mädchen denken, die meisten Jungs in ihrem Alter seien doof. Dabei sind sie einfach nur immer ohnmächtig, wenn sie mit ihnen sprechen.

Aber bei Ralf war es kein Mädchen. Hier war es der neue dunkle, klebrige Bodenbelag, der leider nicht nur die Höhe, sondern auch die Konsistenz eines Stück Kuchens hatte. Trat man drauf, trat was aus. An der Seite. Eben wie Bienenstichfüllung. Nur weniger appetitlich. Unvorstellbar viel weniger appetitlich. Ich vermute sogar, selbst wenn es feinste Bienenstichbuttercremefüllung in diesem neuen Bodenbelag gewesen wäre, wäre es trotzdem extrem unappetitlich geblieben. Allein durch die Präsentation. So wie ein Hasenbraten fein angerichtet eben auch sehr viel ansprechender wirkt als derselbe Hase mehrfach überfahren am Straßenrand. Die Mädchen erzählen, dass es ab einer bestimmten Uhrzeit, halb elf oder so, mehrere Stunden lang auf der gesamten Party niemandem mehr gelungen war aufzustehen, ohne dabei etwas umzuwerfen.

Beim Blick auf den Balkon stellen wir fest, dass dort offensichtlich gegrillt wurde. Zumindest steht da ein Grill. Das ist alles in allem etwas überraschend, da sich Ralf sehr sicher ist, keinen Grill zu besitzen. Bei näherer Betrachtung zeigt sich: Die Grillschale ist ein großer Blumenübertopf, als Kohle hat man wohl irgendwie die Meerschweinchenstreu verwendet, und der Grillrost wurde offensichtlich aus mehreren Metalldrahtkleiderbügeln zurechtgebogen. Sieht nicht mal schlecht aus. Hat irgendwie was Art déco-mäßiges, also jedenfalls für den Betrachter, der von Art déco keine Ahnung hat. Aber Charme. Kurzzeitig keimt fast so was wie gelöste Heiterkeit, bis die Frage aufkommt, wo eigentlich die Meerschweinchen sind. Eine Frage, die durch den leeren Käfig noch an Brisanz gewinnt. Wobei er nicht komplett leer ist. Anstelle der Tiere liegt dort immerhin Porzellan. Und das ist nicht mal kaputt. Überhaupt erstaunlich, wie wenig in der Wohnung am Ende wirklich kaputt ist. Sieht man jetzt mal von Gläsern, Pflanzen, Vorhängen, Bilderrahmen, dem Fußboden und den meisten Möbelstücken ab. Aber sonst? Hätte schlimmer kommen können. Andererseits, was hätte nicht schlimmer kommen können? Womöglich haben das damals auch die Leute in Pompeji gesagt: «Hätte schlimmer kommen können. Man stelle sich vor, der Vulkan wäre am frühen Morgen ausgebrochen, mitten im Berufsverkehr ...» Selbst Ralfs vermeintlich defekter Smoothie-Maker ist nicht wirklich hinüber, sondern nur blockiert. Von einem Ring. Wenn ein Ring in den scharfen Schneiden des Smoothie-Makers steckt, fragt man sich natürlich: Wo ist der Finger? Die beiden Mädchen sind sich nicht ganz sicher, glauben aber schon, dass, falls tatsächlich einer der Freunde einen Finger vermissen sollte, er sich mittlerweile gemeldet hätte. Ich bin da skeptischer. Man zählt die Finger ja nun auch nicht ständig nach.

Wir ziehen den Stecker des blockierten Smoothie-Makers und bemerken erst jetzt, dass da ein Dauerbrummton gewesen ist. Erstaunlich. Erst nachdem der Dauerbrummton weg ist, wird uns klar, wie sehr er uns die ganze Zeit auf die Nerven gegangen ist. Gibt so Geräusche. In andächtigem Schweigen denken wir alle an Menschen, die man gut mit diesem Dauerbrummton vergleichen könnte. Doch verblüffenderweise hat jeder den Anstand, keine Namen zu nennen.

In der gewonnenen Stille hören wir plötzlich leises Rascheln und Plätschern aus dem Küchenschrank. Friedlich sitzen dort die Meerschweinchen und pinkeln ohne Scheu durch die Ritzen auf den schwer zu reinigenden Flachheizkörper darunter. Womöglich wird die Familie mit Beginn der nächsten Heizperiode noch mehrfach an dieses Fest zurückdenken.

Den Tieren aber geht es erfreulich gut. Vermutlich hat jemand das viele Geschirr im Meerschweinchenkäfig bemerkt, es zurückstellen wollen, dann aber versehentlich statt des Porzellans die Meerschweinchen in den Schrank gestellt. Nun ja, der, dem nicht schon ein vergleichbares Missgeschick am Ende einer langen Party unterlaufen ist, der werfe das erste Meerschweinchen.

Im zusammengerollten Teppich in der Abstellkammer finden wir noch einen schlafenden Jungen. Die Mädchen allerdings wissen nicht, wie er heißt, und er ist, wohl noch auf unabsehbare Zeit, gleichfalls nicht in der Lage, sich an die Eckdaten seiner Existenz zu erinnern. Doch nachdem meine Tochter ihn fotografiert und sein Bild durch die üblichen sozialen Netzwerke geschickt hat, finden sich tatsächlich einige Freunde, die ihm einen Namen und ein

Leben zuordnen können, das er dann auch trotz anfänglicher Skepsis aufgrund der erdrückenden Beweise zu akzeptieren bereit ist.

Leere Blumentöpfe, fehlende Pflanzen und Spuren in der Asche bringen am Ende auch noch Licht ins letzte Rätsel. Es fällt uns nicht leicht, den Tatsachen ins Auge zu sehen, aber offensichtlich haben sich einige Jungs auf dem Balkon Blumen gegrillt. Verstörend, aber doch weniger unangenehm als die Nachbarin von unten, die kurz darauf klingelt und Ralf in Kenntnis setzt, dass einigen Jungen oder Mädchen auf diesem Balkon wohl auch schlecht geworden sein muss. Außerordentlich schlecht. So schlecht, dass dies Folgen gehabt hätte. Beweise dieser These seien leider nicht zu knapp auf ihrem Balkon zu besichtigen und auch zu riechen. Leider habe sie gerade frischgewaschene Wäsche zum Trocknen draußen gehabt.

Obwohl ich nichts dafür kann, entschuldige ich mich. Tröste sie: «Na ja, hätte schlimmer kommen können.»

Sie runzelt die Stirn. «Wie denn?»

«Weiß nicht. Vulkanausbruch mitten im Berufsverkehr.»

Sie ist sich nicht sicher. Ich eigentlich auch nicht. Dann lachen wir beide. Sehen aber gegenseitig an unseren Gesichtern, dass wir nicht wissen, warum, weshalb wir noch mehr lachen. Seltsamerweise fühlt es sich am Abend so an, als hätte ich einen der schönsten Tage meines Lebens mit der notdürftigen Restaurierung der Wohnung verbracht. Doch das verrate ich den Kindern lieber nicht.

Lösungen ohne langes Streiten

Diskutiere mit der Freundin über das Füttern der Meerschweinchen während der Ferien. Ihre Freundin, die das normalerweise macht, verreist selbst. Daher hatte ich meinen Freund Peter vorgeschlagen. Sie meint, Peter wäre unzuverlässig. Ich halte dagegen.

«Das ist ungerecht. Auf seine Art ist er durchaus verantwortungsbewusst.»

«Bitte? Das Letzte, was du mir von ihm erzählt hast, war, wie er auf der Autobahn bei hoher Geschwindigkeit versucht, neben Fernbussen zu fahren, um deren freies WLAN mitnutzen zu können!»

«Ach komm, die Meerschweinchen hätte er ja auf der Autobahn bestimmt nicht dabei. Also wahrscheinlich.»

«Auf keinen Fall!»

«Dann ...»

Warte mit gehobener Stimme auf eine brauchbare Idee für eine schlagfertige Antwort. Kommt aber nichts. Schade. Könnte vielleicht mit gehobener Stimme und angehaltener Luft einfach so lange verharren, bis ich ohnmächtig werde. Das würde eventuell auch als akzeptables Argument durchgehen.

Laufe rot an. Sie wartet geduldig.

Fraglos ist Streiten eine der Sachen, die Frauen definitiv besser können als Männer. Auseinandersetzungen mit Männern sind häufig quälend und bestehen zu einem Gutteil aus beleidigtem Schweigen. Frauen sind da wesentlich kommunikativer, engagierter und auch irgendwie freudiger. Während Frauen sich voller Leidenschaft wie in Intervalltrainingskurven erst in Rage und dann müde reden, ziehen sich Männer zurück, bauen schwere Waffen und beginnen grausame Kriege. Meist alles nur, weil sie diese endlose Diskutiererei so anstrengt.

«Wenn alle Argumente gegen dich sind, ist der gute alte Trotz dein letzter Freund!», vertraute mir mal ein WG-Genosse nach der dritten Flasche Wein an. Es ging seinerzeit um den klassischsten, unsinnigsten Zwist des letzten Jahrhunderts: das Gebot des Auf-der-Toilette-Sitzens. Es gibt kein haltbares Argument dagegen, außer irgendeiner kruden Männlichkeitsromantik.

Ich weiß vom Sohn eines in Trennung lebenden Paares, der grundsätzlich viel lieber im Sitzen uriniert, weil er sich dabei wohler fühlt. Wenn er allerdings beim Vater, im Männerhaushalt, weilt, drängt ihn sein Erzeuger zum Pinkeln im Stehen. Als Zeichen von Freiheit, Unabhängigkeit und Männlichkeit. Also pullert der arme Junge heimlich im Sitzen und verteilt hinterher einige Tropfen Leitungswasser über Brille und Boden, damit der stolze Vater denkt, der Junge genießt so richtig das Im-Stehen-strullen-Dürfen beim Papa.

Daran muss ich denken, während mein der angehaltenen Luft wegen knallroter Kopf zu platzen droht. Doch plötzlich lenkt die Freundin ein.

«Also gut, du kannst Peter fragen. Aber erst heute Abend.»

Ich atme erleichtert aus. Da hatte ich am Ende wohl doch die besseren Argumente.

Als ich Peter jedoch später am Telefon frage, lehnt dieser ab. Er hat in einer Spam-Mail von einer vermeintlich wissenschaftlichen Studie gelesen, nach der häufiger Kontakt mit Kleinnagern bei mittelalten Männern zu Impotenz führen kann. Ich erkläre ihm, dass diese Studie ohne Frage ein Fake ist und ich sogar weiß, wer sie ihm zugespielt hat. Er aber meint, das wäre ihm schon klar. Doch allein weil er es nun mal gelesen hat, wäre da jetzt ein Misstrauen in ihm, wodurch die Studie auf verhängnisvolle Art und Weise womöglich doch recht behalten könnte. Irgendwie. Er wolle einfach mal lieber nichts riskieren.

Nachdem ich aufgelegt habe, lächelt mich die Freundin an.

«Und? Was hat Peter gesagt?»

«Du weißt doch, was er gesagt hat.»

«Ja, schon. Aber ich würde trotzdem gerne noch mal hören, wie du sagst, was er gesagt hat.»

Denke: Okay. Diese Strategien sind natürlich nicht so unüberlegt und wüst wie schwere Waffen und Kriege. Aber grausam sind sie auf ihre Art schon auch. Zumindest wenn man der Doofe ist.

La Belle de Torf

Dienstagmorgen. Sitze in der Küche und esse furchtlos rohe Möhre und Gurke. Laut Statistik ist die Gefahr, bei einem ultrabrisanten Geheimagenteneinsatz ums Leben zu kommen, fast zweihundertmal geringer, als beim Verzehr von rohem Gemüse zu ersticken. Und je früher am Tag man sich der Herausforderung rohen Gemüses stellt, desto stärker wächst die statistische Wahrscheinlichkeit, hierbei zu Tode zu kommen. Es ist 6.07 Uhr. Nie sah man James Bond in auch nur einem Film um solch eine Uhrzeit rohe Möhren essen. Wahrscheinlich haben sie Angst vor Nachahmern, die dann die Gefahr einfach nicht richtig einschätzen. Das wäre mal eine Comic-Superhelden-Fähigkeit, die noch nicht verbraten wurde. Der Frühmorgens-Rohkost-Ess-Man. Weiß zwar nicht genau, wie man mit dieser Fähigkeit die Welt retten könnte, aber es geht ja auch erst mal um die Entwicklung eines ungewöhnlichen Charakters. Dann sieht man weiter. So funktionieren Comics.

Martin beispielsweise, ein befreundeter Zeichner, arbeitet gerade an einer Parodie auf «The Walking Dead». Im Groben geht es darum, dass Sheriff Rick Grimes nach Wochen aus dem Koma aufwacht und feststellen muss, dass sich fast alle Menschen in Wesen mit einer sehr, sehr feuchten Aussprache verwandelt haben. Und jeder, den sie beim Sprechen anspucken, ist sofort infiziert. Die Serie soll heißen: «The Talking Wet». Seltsamerweise hat er immer noch keinen Verlag für dieses Projekt gefunden. Daher versucht er es nun mit Crowdfunding. Machen ja jetzt alle. Ich kenne einen Filmemacher, der deshalb eine Dokumentation über verschiedene Crowdfunding-Projekte plant. Die natürlich finanziert wird durch Crowdfunding. Was wiederum ein anderer Filmemacher noch mal anderweitig dokumentieren will.

Ich erhielt im letzten halben Jahr ungefähr zwanzig Anfragen von Crowdfunding-Projekten. Ob ich nicht mitcrowdfunden will? Alles klang interessant. Trotzdem konnte ich mich nur an vier Projekten beteiligen. Zwei Filmdokumentationen über Crowdfunding, «The Talking Wet» und dann noch ein paar niedersächsische Hippies, die Biokosmetik-Produkte aus Torf herstellen wollten. Bei denen habe ich gedacht: Menschen, die Biokosmetik aus Torf herstellen wollen, traut man doch alles zu. Auch richtig kranke Sachen. Also gibt man denen lieber mal ein bisschen Geld für Torfkosmetik. Dann sind die beschäftigt und kommen erst gar nicht auf die wirklich schlimmen Ideen. Das kleinere Übel. Ob es die SPD demnächst auch mit Crowdfunding probiert?

Jeder hat seine Ängste. Ich habe Freunde, die seit «The Walking Dead» jeden Raum, in dem sie sich aufhalten, immer erst mal darauf überprüfen, wie sicher er im Falle einer plötzlichen Zombieapokalypse wäre. Das ist lange nicht so seltsam, wie es klingt.

Im US-Staat Texas beispielsweise glauben mehr Menschen an eine möglicherweise nahende Zombieapokalypse als an den Klimawandel. Dazu passt, wo ich gerade furchtlos in das nächste Stück Möhre beiße, noch eine interessante Tatsache: Hierzulande ist die Zahl der Vegetarierer unter Hundebesitzern etwa zwanzigmal kleiner als unter jenen, die keine Hunde haben. Neunzig Prozent der Vegetarier, die sich tatsächlich Herrchen nennen, erlauben ihren Tieren allerdings den Fleischkonsum. Seit ich im Netz gezielt nach obskuren Statistiken suche, hat sich mein Blick auf die Welt ziemlich gewandelt.

Muss husten. Jetzt habe ich mich tatsächlich an einem Stück Möhre verschluckt. So schnell kann's gehen. Nur eine Sekunde der Unachtsamkeit, schon wittert die Möhre ihre Chance. Habe beim Verzehr von rohen Karotten sowieso oft leichte Atemnot. Geht das nur mir so?

Die Rohkost-Man-Comic-Idee nimmt langsam Gestalt an. «The Eating Raw»: Nach einer mysteriösen Sonneneruption steigt die Wachstumsgeschwindigkeit von Gemüse auf der Erde um ein Millionenfaches an. Um nicht von wucherndem Salat, Möhren und Zucchini zerquetscht zu werden, sind die noch verbliebenen Menschen gezwungen, permanent Rohkost zu verzehren. Aber jeder, der daran erstickt, wird innerhalb weniger Stunden selbst wieder zu frischem Gemüse. Die Apokalypse scheint unaufhaltbar …

Meine Vision schwindet, weil mir andere Fragen ins Hirn schwappen. Warum entwerfe ich ständig solch grenzwertige Erzähluniversen? Weshalb denke ich um diese Uhrzeit überhaupt irgendwas? Und wieso esse ich dazu auch noch rohes Gemüse?

Vermutlich, weil ich selbst gerne ein Held wäre. So wie alle. Zumindest im Rahmen meiner Möglichkeiten. Ein Held, der, obwohl er erst sehr, sehr spät heimgekommen ist, trotzdem frühmorgens aufsteht und dem Kind die Frühstücksdose für die Schule packt. Eine gesunde Dose, mit viel frischem Obst und Gemüse. Dann allerdings, nachdem er die persönliche Superhelden-Frühstücksdose fertig hat, feststellen muss: Er ist ja gar nicht zu Hause, sondern bei einem Freund in der Nähe von Magdeburg. Wo er nach einem Auftritt geschlafen hat.

Das wird wohl auch der Grund sein, weshalb ich mich in der Küche so schlecht zurechtgefunden habe. Auch mein äußerst unruhiger, leichter Schlaf erklärt sich hierdurch. Denn diese Wohnung ist alles andere als zombiesicher. Doch die größte Enttäuschung war sicherlich die Erkenntnis, dass hier nicht mal ein Kind wohnt, dem ich die Frühstücksdose hätte mitgeben können. Weshalb ich sie selbst zügig leeressen musste, um meine Spuren zu verwischen. Damit der Freund nicht denkt, ich wäre ein Idiot. Was ich ja, nach allen vorliegenden Fakten, objektiv gesehen schon bin. Zumindest was den heutigen Morgen angeht. Aber trotzdem würde ich es gerne geheim halten. Wenigstens vor dem Freund. Ich bin sozusagen nicht Geheimagent, sondern Geheimidiot. Besser als nichts.

Es klingelt. Gehe zur Tür. Ein Paketbote. Erstaunlich um diese Uhrzeit. Siehste wohl: Sachsen-Anhalt, das Land der Frühaufsteher. Ist das doch nicht nur so dahingesagt. Er fragt, ob ich für irgendwen im Haus ein Paket entgegennehmen würde. Sage klar, warum nicht. Irgendwer ist wohl nicht von hier und schläft deshalb noch. Schaue auf den Absender. Eine Biokosmetik-Firma aus Niedersachsen: «Frisch vom Dorf, La Belle de Torf».

Ob die den Slogan wohl von meinem Beitrag zum Crowdfunding entwickelt haben? Dann hätte sich das Ganze ja schon gelohnt.

Menschen am Rand

Es gibt Menschen, denen man nur einmal ganz kurz begegnet ist, und doch vergisst man sie nie wieder. Obwohl ich nicht mal seinen Namen weiß, erkannte ich ihn sofort. Er stand vor dem Supermarkt und stritt mit einer Frau um etwas relativ Sinnloses. Sie wollte unbedingt einen Auberginenauflauf machen. Er meinte, er könne keine Auberginen mehr sehen, und wollte viel lieber etwas anderes fürs Abendessen kaufen. Kenn ich. Die Situation. Und auch den Mann.

Wir waren uns vor über zwanzig Jahren zum ersten Mal begegnet, in meiner Zeit als Taxifahrer. Und es war unappetitlich. Wenn man längere Zeit Nachtschichten fährt, verstärkt am Wochenende, kommt irgendwann der angetrunkene Fahrgast, den man falsch einschätzt. Bei dem man nicht rechtzeitig rechts ranfährt. Wenn der dann wenigstens geistesgegenwärtig ist, also leise, ohne viel Aufheben das Fenster runterfährt und den Kopf raushält, um sich zu übergeben, könnte man eigentlich sagen, es hätte schlimmer kommen können. Zudem sollte ich an dieser Stelle erwähnen, dass mein unbekannter Bekannter nicht der Typ Mensch ist, der sich völlig maßlos betrinkt und sich dann aus dem fahrenden Taxi heraus übergibt, ohne dass der Fahrer es merkt. Nein, er ist der Typ Mensch auf dem Fahrrad, den ich genau in diesem Moment überhole.

Wie entschuldigt man sich bei jemandem, den der besinnungslose Fahrgast gerade aus dem Taxi heraus durchs offene Fenster bei mittlerem Tempo angegöbelt hat?

Ich versuchte es mit einem:

«In Ihrer komplett dunklen Kleidung hat man Sie kaum gesehen. Das reflektiert jetzt zumindest so ein bisschen. Von der Verkehrssicherheit her könnte man es positiver sehen, als es riecht. Wenigstens ist Ihnen sonst nichts passiert.»

Er antwortete sehr ernst, aber gefasst:

«Von der Verkehrssicherheit her würde ich in diesem speziellen Fall sagen, ein ganz normales leichtes Angefahrenwerden hätte ich dem Geschehenen vorgezogen.»

Soweit ich weiß, ist mein damaliger Fahrgast, übrigens eine Frau, diskussions- und umstandslos für alle Schäden, sprich Reinigungen, aufgekommen. Immerhin.

Vor ein paar Jahren ist mein unbekannter Bekannter in unsere Ecke gezogen. Zumindest sehe ich ihn seitdem häufiger auf der Straße. Seltsamerweise grüßen wir uns. Als die Tochter mal dabei war und fragte, woher ich ihn kenne, hatte ich gesagt:

«Ich habe während meiner Taxizeit in einer Kurierfahrt mal sozusagen Essen an ihn ausgeliefert. Es stellte sich aber schnell heraus, dass er das gar nicht bestellt hatte. Sehr schnell, also quasi noch während der Auslieferung.»

Obwohl ich ja nun wirklich nichts dafür konnte, habe ich seltsamerweise immer noch das Gefühl, irgendwas bei ihm gutmachen zu müssen.

Das war ohne Frage der Grund, weshalb ich, nachdem ich mit halbem Ohr den Auberginenstreit verfolgt hatte, eiligst in den Supermarkt stürmte und sämtliche Auberginen aus dem Regal in meinen Einkaufswagen lud. Mehr als sieben Kilo Gemüse. Die Zeit reichte gerade noch, um den Frischebereich zu verlassen und dann im Schutze des Müsli- und Cerealiensortiments die Enttäuschung der Frau, ihren Unglauben zu verfolgen. Schließlich mündend in dem wohlklingenden Satz: «Na schön, dann machen wir eben was anderes!» Klar, gut eine Woche lang würde ich nun irgendwas mit Auberginen essen müssen. Die auch ich wahrlich nicht sonderlich gerne mag. Und doch werde ich mich beim Verzehr jeder einzelnen, zerkochten Aubergine wie ein Held fühlen. Sie wieder zurückzulegen, kommt also gar nicht in Frage.

Um nicht von der Frau erwischt zu werden, verstecke ich mich im Supermarkt und zahle erst, als die beiden schon durch die Kasse durch sind. Am Kaffeeautomaten vor dem Ausgang erwischt mein unbekannter Bekannter mich aber doch. Sein Blick wandert auf den Auberginenberg in meinem Einkaufswagen. Während er zum Parkplatz geht, laufe ich neben ihm her und rede nicht lange drumrum.

«Ich habe euren Streit vorm Eingang gehört und dachte, ich tue dir mal was Gutes.»

Er nickt.

«Ich dachte, das war ich dir schuldig. Und was gibt es jetzt bei euch zum Essen?»

«Zucchini. Ja, die mag ich offen gestanden noch viel weniger.»

«Oh. Das tut mir leid.»

«Ach, macht nichts. Warum denkst du, du wärst mir was schuldig?»

«Na, wegen der Sache damals im Taxi, als …»

«Ich erinnere mich sehr gut an die Sache.»

«Dachte ich mir.»

«Aber hast du meine Frau denn nicht wiedererkannt?»

«Wieso?»

«Weil wir uns so damals kennengelernt haben. Es war sozusagen Liebe auf den ersten… na ja, Blick ist jetzt vielleicht nicht das richtige Wort.»

Wir gehen zur Frau rüber. Er gibt ihr einen der beiden Cappuccinobecher. Tatsächlich. Wenn man sie sich nachts, schwer trunken, mit hellgrünem Gesichtsteint vorstellt, sieht man es sofort. Vielleicht gibt es romantischere erste Begegnungen von Paaren. Andererseits, wer nach einem solchen ersten Eindruck den anderen irgendwann zu lieben beginnt, kann auf eine wirklich belastbare Beziehung hoffen. Schenke ihr die Hälfte meiner Auberginen.

Dann umarmt sie mich. Einfach so. Aus Dankbarkeit. Für die Auberginen und wohl auch für die Partnervermittlung. Ein ergreifender Moment, der uns wahrscheinlich auch als wunderschöner Schlusspunkt im Gedächtnis geblieben wäre, hätte sie nicht für die Umarmung den Cappuccinobecher auf dem Dach eines Autos abgestellt, das während unserer Umarmung losfuhr und …

Leider stand ihr Mann wieder an einer etwas unglücklichen Stelle. Tröste ihn:

«Na ja, der Cappuccinoschaum auf deiner dunklen Jacke reflektiert schon gar nicht schlecht. Ist bei der blendenden Frühlingssonne ja vielleicht verkehrssicherer.»

IQ-Tarier

Micha ist seit kurzem IQ-Tarier. Das heißt, er isst nur noch dumme Tiere.

Da gibt es dann natürlich so manchen Grenzfall. Kürzlich diskutierten wir beispielsweise über Kühe. Er argumentierte: «Klar darf ich die essen. Kühe sind so dumm. Die kannst du nachts, wenn sie auf der Wiese stehen, einfach umwerfen.»

Ich erwiderte: «Ja und? Ich glaube, wenn ich nachts auf der Wiese stehe, kannst du auch einfach kommen und mich umwerfen.»

Das hat ihn nachdenklich gemacht. Micha ist mit seinen exzentrischen Ernährungsrichtlinien nicht alleine. So hörte ich auch schon von Gefühlsvegetariern. Die essen nur Tiere, die sie nicht niedlich finden. Oder die Augenhöhe- beziehungsweise Rache-Vegetarier, die nur das verspeisen, was seinerseits auch Menschen frisst. Wobei umstritten ist, ab wann etwas als Menschenfressen gilt. Muss das Tier den ganzen Menschen vertilgen, oder reichen einzelne Teile? Und wenn ja, wo liegt da die Untergrenze? Stichwort Mücken.

Natürlich gibt es aber wohl auch das Gegenstück. Also jene, die nur vegetarische Tiere essen. Deren Logik blieb mir allerdings bislang verschlossen.

Kürzlich habe ich versucht, mit sieben Freunden in einer fremden Stadt essen zu gehen. Es ist uns nicht gelungen. Man muss dazu wissen, dass es in dieser Achtergruppe vier Vegetarier gab, zwei davon vegan, einer sogar Fruktarier und zwei andere, die eine No-Carb-Diät machen, also praktisch nur Fleisch und Salat essen. Zudem hatten wir eine Laktoseintoleranz, eine Glutenproblematik, eine eventuelle Fruchtzuckerallergie und zwei weitere Unverträglichkeiten, die ich mir nicht merken konnte. Mit riesigem Abstand am unkompliziertesten in dieser Gruppe war Ralf. Der ist einfach nur Diabetiker und weiß zumindest genau, was geht und was nicht. Außerdem natürlich ich, der ich nach wie vor alles esse. Und davon meistens sogar die doppelte Portion. Weshalb mir schon öfter geraten wurde, das mal untersuchen zu lassen. Weil, so gar nichts mit dem Essen zu haben, das sei doch irgendwie auch nicht normal. Womöglich verschleppe ich da was. Vielleicht wäre ich ja nicht immer so müde, wenn ich meine Ernährung umstellen würde. Darüber sollte ich mir mal Gedanken machen. Kann natürlich sein. Obschon ich nach wie vor glaube, dass diese ständige Müdigkeit, mit der sich eigentlich jeder, den ich kenne, herumschlägt, eher von dem ganzen Zeug kommt, über das man sich ständig Gedanken macht.

In meiner Kindheit war essen noch die unkomplizierteste Sache der Welt. Was nicht heißt, dass man ihm keine Beachtung schenkte. Im Gegenteil. Ich bin in einer Region aufgewachsen, in der essen stets die allerhöchste Bedeutung hatte. Anderswo mögen manche Menschen auf so krudes Zeug wie ihre Nationalität oder Herkunft stolz sein. Obwohl das ja nun keine eigene Leistung ist, sondern mehr so eine Art Fremdstolz.

In meiner Heimat hingegen wird jemand wirklich aufrichtig bewundert, wenn er ganz viel essen kann, ohne dass ihm davon schlecht wird. Das ist nicht übertrieben.

In meiner Jugend durfte ich tatsächlich einmal Zeuge des folgenden Dialogs zweier Männer um die vierzig werden:

«Boahrr, ey, zwölf halbe Hähne hat der verdrückt, du, echt wahr ...»

«Was? Meine Herren, nicht schlecht. Aber warum macht der denn so was?»

«Na ja, wennde da elf isst, is das zwölfte umsonst.»

«Ach so. Ja, dann versteh ich das. Schön, wenn man so was kann, ne? Braucht man ja immer mal, ne?»

«Ja, und stell dir vor: Hinterher ist der noch selber mit dem Auto nach Hause gefahren.»

«Nein!»

«Doch! Da hammsen dann am nächsten Tag gefunden.»

«Ouhh ...»

«Nee, war kein Problem. Aber der hatte immer noch 1,7 Promille Rest-Halbe-Hähnchen im Blut.»

«Echt?»

«Ja. Der hat nur so 'n bisschen gegackert. Sonst ging dem das gut.»

«Respekt!»

Zumindest in dieser Hinsicht war früher echt einiges einfacher.

Bundestourismusausgleich

Laufe durch Bad Salzuflen. Der Bürgersteig ist völlig zugeparkt. Kann den Rollkoffer nur über die schmale Kopfsteinpflasterstraße zerren. Meine Herren, das rattert und rumpelt ganz schön. Aber richtig laut. Frag nicht. Kein Wunder, dass die Anwohner in Prenzlauer Berg oder Kreuzberg von den Rollkoffertouristen genervt sind. Das ist ja furchtbar. Gott sei Dank bin ich in Bad Salzuflen Rollkoffertourist. Ich denke, denen macht das nichts aus. Da störe ich nicht, sondern bringe mal ein bisschen großstädtisches Flair, Berliner Lebensgefühl in die Bad Salzufler Straßen. Singe fröhlich das Lied der Blechdosenarmee aus der Augsburger Puppenkiste:

Im schnellen Lauf Berg hinauf,
oben dann, alle Mann,
schaun mit List, wo Feind ist.
Alle Büchs' sehen nix –
General auf einmal schreit Hurra, Feind ist da.
Jawoll, Blechbüchsen roll, roll, roll.

Eine Tür öffnet sich: «'tschuldigung, aber Ihr Rollkoffer ist echt schon krawallig genug. Müssen Sie auch noch so laut das Lied der Blechdosenarmee singen?»

Denke: Leider ja. Ich muss oft so Sachen, die ich selbst nicht verstehe. Aber ich werde es ihm erklären. Schaue auf das Klingelschild.

«Ah, Herr Meyerring, zu Ihnen wollte ich sowieso.»
«Zu mir?»

«Ja, Sie wurden ausgelost.»

«Ausgelost? Ich?»

«Allerdings. Ich komme zu Ihnen im Rahmen des Bundestourismusausgleichs.»

«Des was?»

«Bundestourismusausgleich. Das ist in etwa so was wie der Länderfinanzausgleich.»

«Ach was?»

«Jaja. Sie wissen wahrscheinlich, dass zurzeit ausgesprochen viele Touristen aus dem gesamten Bundesgebiet nach Berlin kommen und da nicht nur mit ihren Rollkoffern für außergewöhnliche Belastungen der Bevölkerung sorgen.»

«Is das so?»

«O ja, man hat schon Benimmbroschüren drucken lassen. Und wir, die untere Aufsichtsbehörde Bundestourismus, schicken deshalb nun Berliner Kompensationstouristen in ausgewählte Kleinstädte zu zufälligen Bürgern, um dort einen Touristenlastenausgleich zu schaffen.»

«Nein!»

«Doch! So, den amtlichen Rollkofferlärm habe ich ja schon veranstaltet. Ich müsste Ihnen dann nur noch etwas Berliner Urin in den Hausflur schütten und ein wenig Müll und Altglas im Treppenhaus verteilen. Aber keine Angst. Ich habe alles dabei. Das ist kein Problem. Sie müssen sich um gar nichts kümmern. Mache alles ich! Lehnen Sie sich einfach zurück und … na ja, lehnen Sie sich halt zurück.»

«Ist das denn wirklich notwendig?»

«Natürlich nicht. Deshalb musste man das ja auch gesetzlich regeln. Aber Bundestourismusausgleich soll auch

Spaß machen. Deshalb dürfen Sie sich jetzt noch einen Kübel Eiswürfelwasser über den Kopf schütten und dann drei weitere Kleinstädte für den Bundestourismusausgleich nominieren.»

DAS HOFFEN

«Wer ein guter Christ sein will, sollte sich nicht zu sehr mit diesem religiösen Kram rumschlagen.»
Martin Hiltscher, ehemaliger niedersächsischer Jugendpfarrer

Rüdigers erster selbstgebastelter Adventskalender

Rüdiger, mein Nachbar aus dem zweiten Stock, hat mich zum Essen eingeladen. Also quasi. Es gibt den großen Texas-Feuertopf von Aldi. Mit geheimer zusätzlicher Gewürzmischung! Die das Ganze aber nicht besser macht, im Gegenteil. Die Mischung ist Rüdigers eigene Erfindung. Eigentlich eher zufällig entstanden, als ihm mal das Gewürzregal umgefallen ist, wie er mir stolz erzählt. Die Einladung ist ein Dank, weil ich ihm Geld geliehen habe beziehungsweise weil ich es nicht zurückfordere, beziehungsweise eigentlich hatte ich geklingelt, um es zurückzufordern, aber bevor ich das sagen konnte, hatte er mich schon zum Essen eingeladen, aus Dankbarkeit, weil ich, obwohl es schon so lange über den vereinbarten Termin sei, das Geld nicht zurückfordere, und das sei ja schon toll, dass einer mal kein Arsch ist, sondern so total nett und überhaupt. Das war gestern. Dann habe ich ihm noch einmal Geld geliehen, weil er sonst ja gar nichts zum Essen hätte kaufen können. Für meine Einladung. Also habe ich ihm weitere fünfzig Euro gegeben, und er hat davon diese Dose texanischen Feuertopf besorgt. Denn er meint, wenn er mir jetzt so ein wahnsinnig feudales Essen aufgetischt hätte, hätte ich das vielleicht in den falschen Hals gekriegt. Wo er mir doch meine Schulden gar nicht zurückzahlt, aber dann so ein wahnsinnig feudales Essen, das wäre mir womöglich übel aufgestoßen ...

Ich fürchte, mir wird eher dieser Feuertopf noch übel aufstoßen. Schon heute Nacht, vermute ich, und zwar so um die zwanzigmal. In alle Richtungen.

Rüdiger ist eigentlich sehr reich. Sagt er. Bis vor einem

Jahr hat er irgendwas gearbeitet, womit er irre viel Geld verdient hat. Erzählt er. Aber jetzt sind alle Konten gesperrt. Wegen eines Missverständnisses. Meint er. Ich glaube ihm, weil ich kein Arsch bin. Behauptet er. Wobei ich ja tatsächlich eher nicht glaube, dass ich ihm glaube, aber davon spricht er nicht.

Neben dem Fernseher steht eine Flasche Wodka, auf die er viele Striche gemalt hat. Frage, warum er so was tut. «Rate mal!», fordert er mich auf. Ich habe keine Ahnung. Er weist mich darauf hin, dass es genau vierundzwanzig Striche sind. Das hilft mir nicht weiter, weshalb er es mir dann doch einfach verraten muss.

«Das ist sozusagen mein Adventskalender.»

«Dein was?»

«Na, mein erster richtiger selbstgebastelter Adventskalender.»

«Hm, bei einer durchsichtigen Flasche ist die Überraschung aber nicht sehr groß, so von Tag zu Tag.»

«Auch nicht viel kleiner als bei Schokoladenadventskalendern. Ich bin mit meiner täglichen Überraschung zufrieden.»

«Okay, aber bei vierundzwanzig Strichen ergeben sich doch genau genommen fünfundzwanzig Tage.»

«Ich weiß, wegen dieser verrückten Laune der Geometrie habe ich ja dann auch etwas früher angefangen. Um den Tag wieder aufzuholen.»

«Etwas früher? Es ist erst Mitte November, aber du hast schon achteinhalb Türen ausgetrunken.»

«Wenn's nur das wäre. Genau genommen bin ich adventskalendertechnisch sogar schon beim neunten Dezember 2023.»

«Du hast schon acht Adventskalender ausgetrunken? Warum?»

«Aus Protest gegen die Islamisten. Weil die uns Weihnachten wegnehmen wollen. Da habe ich mir gesagt: Jetzt erst recht!, und deshalb dieses Jahr schon im Oktober damit angefangen, Adventskalender auszutrinken.»

«Du feierst seit Oktober Advent?»

«Jawoll.»

«Denkst du nicht, das ist eine leichte Weihnachtspsychose?»

«Na ja, lieber eine Weihnachtspsychose als ein Alkoholproblem.»

Da gebe ich ihm recht; ich bin ja schließlich kein Arsch.

Wenn's denn so einfach wäre

Lese in der Zeitung, dass ein schwedischer Professor vorgeschlagen hat, man solle es sich doch in den Kämpfen im Nahen Osten und gegen den Terror zunutze machen, dass praktisch alle verwendeten Waffen in Europa, Nordamerika, China oder Russland hergestellt werden. Natürlich, räumte er ein, wäre das ohnehin schon von Nutzen. Da dieser ganze Wahnsinn ja sonst zu allem Überfluss vermutlich auch noch wirtschaftlich eine völlige Katastrophe wäre. Aber eventuell könnte man darüber hinaus auch noch einen strategischen Vorteil aus diesem Umstand ziehen.

Riebe man nämlich all diese Waffen, insbesondere die Kalaschnikows, während der Herstellung mit einem sehr hartnäckigen, intensiven, praktisch niemals abwaschbaren Schweinefettextrakt ein – dann dürften die Islamisten diese ja gar nicht berühren. Wegen ihrer Religion. Man würde sie quasi mit ihren eigenen Waffen schlagen. Die ja erfreulicherweise im Grunde genommen sowieso unsere sind.

Der Vorschlag wurde in der schwedischen Öffentlichkeit recht kontrovers diskutiert. Unter anderem stellte sich die Frage, ob man denn nicht religiöse Gefühle verletze, wenn man Menschen wegen ihres Glaubens den Zugriff auf moderne Schnellfeuerwaffen verbaue. Tatsächlich wäre dies wohl ethisch nur zulässig, wenn sich etwas finden ließe, wodurch auch strenggläubige Christen den Gebrauch von Schnellfeuerwaffen als nicht mit ihrem Glauben vereinbar ansehen würden.

Ein Unterfangen, das allgemein als aussichtslos angesehen wurde. Wenngleich einige Befürworter meinten, entsprechende Hinweise ließen sich durchaus im Neuen Testament finden. Das jedoch wurde von den Gegnern als blasphemische Polemik abgetan.

Die schönsten Weihnachtsmärkte der Welt.
Folge 29: Spandau

Vor langer Zeit zitierte ich mal einen in Spandau gebürtigen Freund, der mir erklärt hatte, jeder Weihnachtsmarkt habe seine Spezialität. In Nürnberg gebe es den Lebkuchen, in Aachen die Printen, in Dresden den Stollen und in Spandau auf die Fresse.

Andere hingegen behaupten, der Spandauer Weihnachtsmarkt sei der schönste Berlins. Ich will da kein abschließendes Urteil wagen. In jedem Falle ist er ganz sicher der schönste Weihnachtsmarkt zwischen Berlin und Brandenburg. Spandau ist der einzige Ort, an dem die Länderfusion zwischen Berlin und Brandenburg längst vollzogen ist. Und zwar schon seit vielen, vielen Jahren. Eigentlich schon immer. Wer aus Brandenburg nach Spandau kommt, denkt, er sei in Berlin. Wer aus Berlin kommt, denkt, er sei in Brandenburg. Wer wirklich ganzheitlich in Spandau sein möchte, muss schon die Nacht dort verbringen und am Morgen langsam in das Spandau-Gefühl erwachen. Der Volksmund sagt: «Nach Spandau kann man nicht reisen. Nach Spandau kann man nur geraten.»

Traditionell in der dritten Adventswoche fuhr der Kinderladen der Tochter zum Weihnachtsmarkt nach Spandau. Ich wurde von den beiden Erzieherinnen als Begleitperson geködert mit dem schönen Satz: «Man muss da eigentlich nichts groß machen, es ist nur manchmal schön, noch jemand Drittes dabeizuhaben.»

Sätze, die mit «Man muss da eigentlich nichts groß machen …» beginnen, liegen übrigens ganz weit vorne in meiner inoffiziellen Liste der zwanzig Sätze, die immer gelogen sind. Knapp gefolgt von «Das kann man gar nicht verfehlen» und «Dein neuer Haarschnitt macht dich zwanzig Jahre jünger». Obwohl, das hat auch seit zwanzig Jahren niemand mehr zu mir gesagt. Da hatte ich nämlich meinen letzten Haarschnitt. Seitdem ist meine Frisur ja quasi selbstregulierend.

Nachdem sich eine Erzieherin am Morgen krankgemeldet hatte, meinte die andere, da sehe man, wie gut es sei, jemand Drittes dabeizuhaben. Ich erwiderte, jemand Drittes sei nur so lange jemand Drittes, wie es jemand Zweites gebe. Woraufhin ein Kind mich fragte, ob es bei mir auch immer so tun müsse, als ob es zuhöre.

In der U-Bahn sind nur zwei Plätze frei. Setze mich auf einen und rufe:

«Wer will auf meinem Schoß sitzen?» Überraschenderweise wollen alle auf meinem Schoß sitzen und schaffen das sogar irgendwie. Kann dadurch zwar vom Bayerischen Platz bis Rathaus Spandau nicht atmen, aber wegen der nach kurzer Zeit einsetzenden Bewusstlosigkeit vergeht wenigstens die lange U-Bahn-Fahrt wie im Fluge. Erinnere mich an England, wo sich die Pendler zwischen Brighton und London früher angeblich auch jeden Morgen absichtlich bewusstlos geschlagen haben, damit die lange Zugfahrt schneller rumgeht.

Auf dem Weihnachtsmarkt fragt mich Rieke sofort, ob sie Lose ziehen darf. Da jedem Kind zwei Buden erlaubt sind und mein Hirn noch von der U-Bahn-Fahrt sauerstoffunterversorgt ist, sage ich: «Wuff.» Rieke versteht das als Ja. Als die Erzieherin das mitbekommt, schreit sie mich an: «Du hast Rieke erlaubt, Lose zu ziehen?»

«Wuff?»

«Weil Rieke immer Glück hat!»

«Wuff? Wuff.»

Rieke kommt mit einem circa ein Meter sechzig hohen, riesigen rosa Plüschhasen auf uns zu.

«Hab ich gewonnen.»

Die Erzieherin schnauft: «Na bravo. Den trägst jetzt aber schön du.»

Antworte: «Wuff.» Und dann: «Aber immerhin haben wir jetzt doch wieder jemand Drittes dabei.»

Die Erzieherin verlangt von allen ein anständiges Benehmen auf dem Weihnachtsmarkt. Nicht zu auffällig. Wir seien ja schließlich nicht alleine hier. Den Kindern gelingt das vergleichsweise gut. Mir weniger. Ich weiß nicht, wer schon einmal versucht hat, unauffällig zu sein, während er einen ein Meter sechzig großen rosa Plüschhasen über den Spandauer Weihnachtsmarkt trägt. Keine einfache Sache. Dass wir hier nicht alleine sind, hätte ich übrigens auch problemlos ohne den Hinweis der Chefin bemerkt. Jeder zweite Besucher spricht mich an. Vor allem Frauen. Viele Frauen. Erstaunlich.

Ich will mal so sagen: Wer im Winter allein ist und eine Beziehung sucht – vergesst Bekanntschaftsanzeigen oder Paarship oder anderen Quatsch, wo du volle elf Minuten warten musst, bis sich wieder ein Single verliebt. Wenn du nett guckst und einen riesigen rosa Plüschhasen an einem weihnachtsfeierträchtigen Donnerstag über den Spandauer Weihnachtsmarkt trägst, dann kannst du sie alle haben. Wobei die meisten Frauen gar nicht mich angesprochen haben, sondern den Plüschhasen. Drei haben ihn zu sich nach Hause eingeladen. Eine meinte, der Plüschhase habe sie an den Hintern gefasst, dafür müsste *ich* jetzt einen Futschi mit ihr trinken. Die meisten jedoch haben den Plüschhasen einfach über mich ausgefragt. In der Richtung, ob sein Herrchen denn ein Netter sei oder ein Frauchen habe und so weiter. Die Männer hingegen waren weniger charmant. Sie redeten auch bevorzugt mit dem riesigen rosa Hasen, zeigten aber auf mich, als sie ihn darauf hinwiesen, dass er da was Komisches am Hintern habe.

Trotzdem verlebte ich einen der großartigsten Spätnachmittage meines Lebens. Man kann sagen: Auf seine eigene, verquere Art ist der Spandauer Weihnachtsmarkt tatsächlich der schönste. Von was auch immer.

Zumindest wenn man es mag, zum schieren Objekt niederer Begierde zu werden. Ich fand das mal ganz schön.

Zumindest so lange, bis Rieke beim Entenangeln auch noch ein riesiges weißes Einhorn gewann. Männer mit rosa Plüschhasen und weißen Einhörnern gelten wohl nicht mehr als attraktiv. Wusste ich auch noch nicht. Auf der Rückfahrt durften wieder alle, einschließlich Hase und Einhorn, auf mir sitzen, wodurch ich zwar später eine Weile erneut nur durch Wuff-Laute kommunizieren konnte, aber die Freundin meinte, ihr sei der Unterschied zunächst gar nicht aufgefallen.

Ha! Wenn die wüsste. Lasse sie reden und betrachte mein Foto mit den Stofftieren. Denke, am Ende bleibt uns immer noch der Spandauer Weihnachtsmarkt … Wuff!

Ich bremse auch mit Tieren

Als wir letztes Jahr zu Weihnachten bei den Eltern der Freundin zu Besuch waren und am späten Nachmittag des Heiligen Abends im Taxi vom Weihnachtskonzert gemeinsam zurück zur elterlichen Wohnung fuhren, sprach die Mutter plötzlich zum Taxifahrer mit betroffener, fast tränenerstickter Stimme, er habe wohl leider keine Familie, sei vermutlich ganz alleine, wenn er am Heiligen Abend Taxi fahre. Der Fahrer jedoch antwortete: «Ach nee, bei mir ist das andersrum. Eben weil ich sehr viel Familie habe, fahre ich Weihnachten lieber Taxi.»

Ich verstand ihn.

Zumal dieser Beruf gerade an den Festtagen einen besonderen Reiz hat. Als ich während meiner Studienzeit selbst als Taxifahrer gearbeitet habe, gehörten die Weihnachtsschichten zu meinen liebsten, weil erlebnisreichsten.

Unvergessen für mich ist beispielsweise das angestrengte Gespräch einer dreiköpfigen Familie, die ich am Morgen des ersten Feiertages zum Bahnhof brachte. Der Mann setzt sich, nachdem das viele Gepäck verstaut ist, auf den Beifahrersitz nach vorne. Die Mutter und die circa achtjährige Tochter warten auf der Rückbank auf die Abfahrt.

Mann: «Zum Bahnhof Zoo.»

Frau: «Ich kann nicht glauben, dass du die Pralinen für Tante Swantje nicht wiedergefunden hast.»

Mann: «Die kriegen wir vielleicht auch noch mal in Köln am Bahnhof.»

Frau: «Aber nicht mit dem Preisschild. Ich hab mir

doch von Ingrid im Reichelt extra ein anderes Preisschild draufmachen lassen, damit Tante Swantje denkt, die wären dreimal so teuer gewesen.»

Mann: «Wenn wir die am Bahnhof noch einmal kaufen, sind die ja auch ungefähr dreimal so teuer.»

Frau: «Darum geht's doch gar nicht, du Blödmann. Tante Swantje soll nur denken, die wären dreimal so teuer gewesen. Wenn wir tatsächlich das Dreifache bezahlen, könnten wir ja gleich Pralinen kaufen, die auch dreimal so teuer sind.»

Mann: «Wir können ja im Bahnhof fragen, ob die uns nicht auch ein anderes Preisschild da draufkleben. Machen die vielleicht, wenn wir denen dafür was extra geben.»

Frau: «Ja. Am besten genau das, was dann auf dem Preisschild draufsteht, du Hornochse.»

Das Kind schreit.

Mutter: «Was ist denn jetzt schon wieder?»
Kind: «Nichts.»
Mutter: «Ich merk doch, dass da was ist.»
Kind: «Nein, is nichts.»
Mutter: «Was hast du denn da?»
Kind: «Nichts.»
Vater: «Julchen, sag jetzt deiner Mutter, was du da hast.»
Kind: «Ich hab nichts.»
Vater: «Julchen, lüg nicht!»
Kind: «Doch!»

Die Mutter schreit.

Vater: «Was ist da denn jetzt?»
Mutter: «Nichts.»
Vater: «Ihr sagt jetzt sofort, was da ist.»
Mutter: «Schon gut, da ist nichts.»

Es fiept. Mutter und Kind schreien. Der Vater atmet sehr tief und laut hörbar ein. Wohl um sich zu beruhigen.

Vater: «Sagt jetzt bitte nicht, dass Julchen ihre Ratte mitgenommen hat.»

Schweigen.

Vater: «Hallo, ich höre nichts.»

Kind: «Du hast doch gesagt, wir sollen bitte nicht sagen, dass ich Justus mitgenommen habe.»

Vater: «Also ich glaub's ja nicht, ihr ... Ouh.»

Der Vater verstummt. Alle sind plötzlich ganz still. Stattdessen höre ich sie nur noch hektisch, bemüht leise rascheln und zischen. Mir kommt ein unerfreulicher Verdacht. Obwohl ich mich vor der Antwort fürchte, frage ich:

«Sagen Sie mir bitte nicht, dass Ihnen die Ratte ausgebüxt ist und jetzt hier frei durchs Taxi flitzt.»

Die ganze Familie schweigt. Als was für eine Antwort soll man das werten?

Vater: «Die tut eigentlich nichts. Der Justus ist meistens eine ganz liebe Ratte.»

Spüre in meinem Fußraum etwas huschen. Trete sofort heftig auf die Bremse. Die Bremse quietscht. Laut, aber der Wagen wird nicht langsamer. Bin überrascht. Na ja, das Quietschen klang auch seltsam, und die Bremse war ungewöhnlich weich.

Das Kind brüllt. «Der Mann hat Justus totgebremst!»

Denke, da bekommt der Satz «Ich bremse auch für Tiere» noch mal eine ganz andere Bedeutung. Wobei, genau genommen müsste es ja hier wohl heißen: «Ich bremse auch mit Tieren.»

Vater: «Keine Angst. Dem Justus geht's gut. Der hat sich nur erschrocken. Sitzt jetzt bei mir.»

Das Handy der Mutter klingelt. Als sie rangeht, hört man aus dem Hörer das Geschrei einer Frau.

Mutter: «Das ist Silvia.»

Der Vater erklärt mir: «Unsere Nachbarin. Die hat sich trotz ihrer panischen Angst vor Ratten netterweise bereit erklärt, auf Justus aufzupassen. Wir haben vorhin noch den Käfig zu ihr rübergetragen.»

Mutter: «Jetzt hat sie wohl gerade gesehen, dass der Käfig leer ist. Weshalb sie nun denkt, die Ratte würde frei in der Wohnung rumlaufen. Daher sitzt sie jetzt mit scharfen Messern auf dem Küchentisch und schreit.»

Vater: «Sag ihr, dass Justus bei uns ist.»

Mutter brüllt in den Hörer: «Silvia! Silvia! Justus ist bei … Silvia, hör doch zu! Silvia!»

Sie wendet sich wieder zum Vater: «Die hört nichts, die ist nur am Schreien.»

Vater: «Na, dann kann man nichts machen.»

Mutter: «Nee, wohl nicht.»

Sie legt auf.

Ich sage: «Das mit der Ratte eben war ganz schön knapp. Ich hätte fast einen Unfall gebaut.»

Der Vater schaut betroffen: «Schade.»

«Was?»

«Na, ich will es mal so sagen. Wenn Sie jetzt einen Unfall bauen und wir deshalb unseren Zug verpassen und nicht zu der buckligen Verwandtschaft meiner Frau können, kriegen Sie von mir hundert Mark.»

«Echt?»

Die Frau ruft von hinten: «Und die Pralinen noch dazu, wenn Sie uns wieder nach Hause gefahren haben.»

Überlege laut: «Na ja, ein wirklicher Unfall wäre blöd,

aber wir könnten natürlich so tun, als ob. Ich habe einen Kollegen, der hatte vor ein paar Monaten tatsächlich einen Blechschaden. Der würde uns bestimmt die Unfallfotos leihen. Die könnte man dann Ihrer Verwandtschaft schicken. Quasi als Beweis ...»

Am Ende hatten alle ein schönes Weihnachtsfest. Die Familie blieb in Berlin. Justus kam zurück in sein Häuschen im Käfig. Silvia, die Nachbarin, konnte wieder vom Tisch runter, und ich hatte hundert Mark und Pralinen.

Das nächste Weihnachten rief mich der Vater wieder an. Ob er sich die Unfallfotos noch einmal leihen dürfe. Bei ihnen selbst würde es natürlich auffallen. Aber gute Freunde, denen sie im Vertrauen davon erzählt haben, hätten großes Interesse. Im Laufe der Jahre haben diese Fotos mir und dem Kollegen ein hübsches kleines zusätzliches Weihnachtsgeld gesichert.

Als wir in der Wohnung der Eltern der Freundin ankommen, blinkt schon der Anrufbeantworter. Der Münsteraner Teil der Familie hat leider den Zug verpasst. Das Taxi hatte auf dem Weg zum Bahnhof einen Unfall. Sie haben uns auch schon Fotos vom Unfalltaxi per Mail geschickt. Als ich die Bilder sehe, denke ich: Ach guck, der Kollege ist wohl nach wie vor im Blechschadenfoto-Verleih-Geschäft. Hat sogar eine Möglichkeit gefunden, das Berliner Nummernschild mit Photoshop zu bearbeiten, sprich durch ein Münsteraner Kennzeichen zu ersetzen. Er arbeitet jetzt also überregional. Nicht schlecht. Man staunt doch immer wieder, wie viele ganz unterschiedliche Arbeitsplätze hierzulande mehr oder weniger am Automobil hängen.

Pogo-Tee

Es klingelt an der Tür. Ich öffne. Mein Nachbar Rüdiger wedelt mit einer Flasche Wodka und flötet verführerisch: «Advent, Advent!»

Weise darauf hin, dass es 8.30 Uhr morgens ist. Er meint: «Ach komm. Weihnachten ist nur einmal im Jahr.»

«Ja. Und zwar in gut zehn Monaten. Ich habe keine Zeit, ich muss mich auf den Valentinstag vorbereiten.»

«Kaufst du deiner Frau Blumen?»

«Niemals. Sie lehnt den Valentinstag als Produkt des aggressiven Konsummarketings ab. Deshalb darf ich ihr an diesem Tag auf keinen Fall Blumen schenken. Das ist organisatorisch aufwendiger, als man denkt. An dreihundertzweiundsechzig Tagen im Jahr freut sie sich total über Blumen. Ist quasi an jedem Tag enttäuscht, wo sie keine bekommt. Außer eben an drei Tagen, wo es eine noch größere Katastrophe ist, wenn man ihr welche schenkt. Also Valentinstag, Muttertag und Halloween.»

«Halloween?»

«Ah, stimmt. Halloween war anders. Da darf ich keine Masken tragen, nicht gruselig sein oder um Süßigkeiten betteln. Blumen aber sind okay, sofern man sie ausdrücklich zum Reformationstag schenkt.»

Rüdiger hält mir ein Formular hin. «Eigentlich komme ich wegen dem hier.»

«Was ist das?»

«Mein neuer Verein. Pogo-Tee! Willst du auch beitreten?»
«Pogo-Tee?»
«Poesie gegen ollen Terror!»

«Oller Terror?»

«Ja, eigentlich wollten wir ihn ‹Poesie gegen Terror› nennen. Aber die Abkürzung PogeTe hätte uns zu sehr in eine doofe Ecke gerückt. Dann haben wir überlegt: ‹Gegen allen Terror›, aber da waren die möglichen Kurzformen nicht sexy genug und deshalb jetzt eben ‹Poesie gegen ollen Terror, Pogo-Tee›!»

«Verstehe. Poesie von Anfang an.»

«Und dazu auch noch sexy. Willst du Mitglied werden? Der Jahresbeitrag beträgt nur fünfzig Euro.»

«Und was bekommt man dafür?»

«Engagement.»

«Welches?»

«Deins. Oder was tust du denn sonst so für den Kampf gegen den Terror?»

«Du meinst gegen die Dschihadisten?»

«Zum Beispiel.»

«Weiß nicht.»

«Okay. Und hältst du diesen Ansatz für ausreichend?»

«Na ja, es sind sich ja irgendwo alle einig, dass wir die Dschihadisten am wirksamsten bekämpfen, wenn wir unser Leben einfach ganz normal weiterleben. Als wenn nichts wäre. Und in diesem so normal Weiter-vor-mich-hin-Leben, engagiere ich mich schon jeden Tag sehr. Oft viele Stunden lang und höchst konzentriert.»

«Nicht schlecht. Ich sehe, du hast verstanden, worum es geht. Aber hast du nicht trotzdem manchmal das Gefühl, du würdest gerne noch mehr tun?»

«Indem ich deinem Verein Geld gebe?»

«Damit wir die Dschihadisten dort bekämpfen können, wo es sie am meisten trifft.»

«Ah. Deshalb Poesie. Ihr schreibt wüste Schmähgedichte, damit die Dschihadisten sich in ihrer Reaktion selbst entlarven.»

«Eben nicht wüst. Wüst können die ja nun sehr viel besser. Wir wollen ihnen aber genau diese Aura des überhöht Bedrohlichen, Dämonischen nehmen. Deshalb sind unsere Schmähgedichte niedlich.»

«Niedlich?»

«Zumindest auf den ersten Blick. Lustige Zungenbrecher über Dschihadisten, wie beispielsweise:
‹Dreizehn dreiste Diakonissen
dissen dreißig Dschihadisten.›
Wirkt harmlos, aber wenn man das zwanzigmal ganz schnell hintereinander sagt, verknotet sich ab dem dritten, vierten Mal die Zunge, weshalb einem dann unabsichtlich ordinäre Wörter reinflutschen wie verschissen, bepissen, zerfisten und so weiter ... Was natürlich sehr lustig ist und die Dschihadisten disst.»

Will ihn nicht anlügen. Scheitere aber und sage:

«Ja, ich denke, das könnte sie fertigmachen.»

«Findste echt? Wir haben aber auch einfache Zweizeiler, zum Beispiel:
‹Zwei Dinge, die wir nie vermissten:
Diddl-Maus und Dschihadisten.›»

«Ui. Ist das nicht ein bisschen gewagt? Mit den Diddl-Maus-Fabrikanten würde ich mich ja lieber nicht anlegen.»

«Stimmt natürlich. Wir hätten aber auch intellektuellere Gedichte. Beispielsweise:
‹So wie die Wüste Skifahrpisten,
braucht diese Welt die Dschihadisten.›»

«Das ist intellektueller?»

«Klar, weil da auch noch Klimakritik mit drin ist. Wegen Katar und deren künstlichen Schneehallen.»

«Oh, das ist ja tatsächlich ziemlich raffiniert. Diese Doppeldeutigkeit wäre mir jetzt fast durchgerutscht. Also gut. Ich gebe zu, das mit eurem Verein klingt wirklich alles sehr, sehr ...»

«Durchdacht?»

«Das war jetzt zwar nicht unbedingt das Wort, nach dem ich gesucht hatte, aber meinetwegen. Du bist der Kampfpoet. Ich weiß allerdings nicht, ob das was für mich ist. Vielleicht sollte ich doch lieber weiter die Speerspitze jenes Teils der Bewegung sein, der die Dschihadisten bis aufs Blut bekämpft, indem er ganz normal weiterlebt. Ich meine, das schwächt sie doch am meisten.»

Rüdiger nickt. «Kein Problem. Du kannst mir auch einfach fünfzig Euro geben, ohne Mitglied zu werden. Unsere Statuten sind diesbezüglich total liberal.»

«Warum sollte ich das tun?»

«Weil du ja kein Arsch bist.»

«Ach so, ja. Stimmt.»

«Und als Bonus schenke ich dir auch noch ein kleines Spontangedicht, das niedlich Dschihadisten disst und dich gleichzeitig daran erinnert, den Valentinstag zu vergessen:

Weil der Dschihadist nicht romantisch ist,
ist seine Lieblingsziege angepisst.
Drum denkt sie Folgendes sich aus:
Käm der am Valentinstag mit Geschenk nach Haus,
dann fress ich einen Blumenstrauß.»

Rüdiger strahlt mich an. «Und? Wie findste?»

«Doof.»

«Super. Das ist ja auch die Intention des Ganzen.»

Denke, wenn Dinge, die eigentlich doof sind, in ihrer Deklaration zum Uneigentlichen plötzlich wahnsinnig intelligent werden, erfordert das eigentlich einen Begriff des Übereigentlichen, um noch die Eigentlichkeit der Welt erklären zu können. Doch vielleicht sollte man lieber den Poeten die Erklärung der Welt überlassen. Hat das nicht schon mal irgendwer vorgeschlagen?

Die obere Grenze der Belastbarkeit

Schaue im Internet eine Sendung von Schwarmintelligenz-TV. Ein Netzsender, dessen Nachrichten und Recherchen ausschließlich durch Interviews von Passanten auf der Straße bestritten werden. Gerade antwortet jemand in der Fußgängerzone von Coesfeld auf die Frage, ob es denn eine Obergrenze für Flüchtlinge geben sollte: «Ja, unbedingt. Natürlich. Wir brauchen ab sofort eine Obergrenze für Flüchtlinge.»

«Und wo würden Sie die ansetzen?»

«Ein Meter neunzig. Ja. Ich finde, kein Flüchtling sollte größer als ein Meter neunzig sein.»

Schau an. Man sollte viel häufiger die Bevölkerung direkt befragen.

Wechsle zur ARD-Seite. Dort finde ich Statistiken, die zeigen, woher die jungen Männer kommen, die freiwillig von hier in den Dschihad ziehen. Auffällig ist: Alle alleinstehend, praktisch keiner von denen lebte vorher in einer festen Beziehung. Das leuchtet mir ein.

Ich glaube ja eh, dass sich nur, wer selbst noch nie so richtig in einer Beziehung gelebt hat, ernsthaft zweiundsiebzig Jungfrauen im Paradies wünschen kann. Wer einmal erfahren hat, wie kompliziert das schon zu zweit sein kann, auch nur ein Wochenende so zu planen, dass sich keiner in seinen Bedürfnissen vernachlässigt fühlt, der wird den Teufel tun, sich einen Alltag mit zweiundsiebzig Jungfrauen zu wünschen.

Diese Obsession mit den Jungfrauen verstehe ich ohnehin nicht. Warum unbedingt Jungfrauen? Wieso ist das so wichtig? Bei einer Blinddarmoperation will man doch auch nicht, dass es für den Chirurgen das allererste Mal ist. *Weil das Erlebnis dadurch irgendwie intensiver ist.* Eine Blinddarmoperation ist in jedem Falle etwas Besonderes. Da ist man schon aufgeregt genug. Da würde ich nur wollen, dass es super wird und man sich hinterher besser fühlt als vorher. Reicht. So. Das wäre top.

Als ich meiner Freundin von diesen Überlegungen erzählte, meinte sie: Dass ich als Metapher für Sex eine Blinddarmoperation wähle, rücke für sie vieles in unserer Beziehung in ein ganz neues Licht.

Stoße auf die Berichterstattung über irgendeine Kleinstadt in Sachsen. Sehe Menschen, die sich in dieser Berichterstattung über die Berichterstattung über sie beschweren, und höre einen Sprecher, der die eigene Berichterstattung über diese Berichterstattung kritisch beleuchtet und hinterfragt, ob man darüber überhaupt berichten soll. Die Menschen kritisieren, dass sie häufig fremdenfeindlich rüberkommen, wenn über sie berichtet wird. Dabei würden sie nur das sagen, was sie denken. Wenn das jetzt plötzlich schon fremdenfeindlich sei, stimme ja wohl in unserer Gesellschaft was grundsätzlich nicht. Das mache ihnen Sorgen. Sie seien auch für Toleranz. Aber in vernünftigen Grenzen. Wer Toleranz wolle, der solle sich erst mal anpassen. Dann sehe man weiter. Außerdem würden an der Schweinezucht auch viele Arbeitsplätze hängen.

Hm. Seit einiger Zeit fühlt sich die Wirklichkeit für mich häufig wie eine Fernsehserie an, bei der man wohl immer mal wieder weggedöst sein muss, wodurch einem dann bestimmte Zusammenhänge fehlen.

Schalte noch mal zu Schwarmintelligenz-TV. Eine andere Interviewerin fragt nun eine Passantin in einer Fußgängerzone in Siegen, wo sie sich in zwanzig Jahren sehe. Die Frau antwortet: «Im Jahr 2036.»

Die Menschen sind komisch, denke ich. Jetzt nicht wir. Wir gehen ja eigentlich. Aber die anderen. Mannmannmannmannmann, die sind zum Teil … Also, wer andere kennt, weiß, die sind oft komisch.

Bekomme eine WhatsApp-Nachricht von der Freundin: Ob ich Lust auf einen schönen gemütlichen Abend hätte? Vielleicht am Ende sogar mit Blinddarmoperation.

Na, die weiß schon, wie sie mich kriegen kann!

DAS FLEHEN

> «Die letzte Stimme, die man hört, bevor die Welt explodiert, wird die Stimme eines Experten sein, der sagt: ‹Das ist technisch unmöglich!›»
>
> *Peter Alexander Ustinov*

Was kann die Menschheit?

November 2014. Verfolge in einer Gästewohnung in Bad Vilbel die Landung des Rosetta-Minilabors Philae auf dem Kometen Tschurjumow-Gerassimenko, genannt Tschuri. Dieser wiederum befindet sich auf dem Weg zur Sonne. Vor gut zehn Jahren wurde Rosetta gestartet, hat Milliarden von Kilometern zurückgelegt, ist am Mars vorbeigeflogen und hat in verschiedenen Planetenumlaufbahnen Schwung genommen, um Philae nach eben jenen zehn Jahren in genau dem richtigen Moment, an genau der richtigen Stelle auf den Kometen abzuwerfen. Alles hat man exakt vorausberechnet. Zehn Jahre im Voraus. Inklusive Bremsmanöver, Relativitätsgeschwindigkeit und Ausgleich von orbitalen Gravitationsfeldern. Die Steuerung von der Erde aus war zudem nur zeitverzögert möglich und erforderte weitere, höchst komplexe, umfangreiche Berechnungen. Doch es ist gelungen. Die Sonde Philae landet tatsächlich auf dem Kometen. Nun wird sie Messdaten aus einer so geringen Entfernung zur Sonne liefern, wie es noch nie möglich war.

Bin zur Abwechslung mal wieder beeindruckt von der Menschheit. Was die so kann. Tiere könnten so was nicht. Auch Delfine nicht. Nicht mal Wildschweine. Aber die Menschheit kann abgefahrenes Zeug. Andererseits:

Während ich diese Landung der Sonde angeschaut habe, war ich gleichzeitig damit beschäftigt, eine Dose Bio-Linseneintopf zu öffnen. Nicht zuletzt das auf die Dose gedruckte Versprechen «Kinderleicht zu öffnen, auch ohne Dosenöffner!» hatte mich zu dem freudig-naiven Gedanken verleitet: «Was soll schon schiefgehen?» Als ich jedoch die Metalllasche in der Hand hielt, ohne dass die Dose auch nur einen Nanometer geöffnet worden wäre, wusste ich wieder, was schon schiefgehen konnte, und fragte mich, wieso ich einer Dose so etwas glaube. Nun, aus demselben Grund, weshalb ich auch anderen Lebensmitteln die Sachen glaube, die draufstehen: «Meisterqualität!», «Der leichte Genuss!» oder auch nur «Mmmhh, lecker, lecker!». Ich lese: «Mmmhh, lecker, lecker!», denke: «Ach guck mal, das ist ja genau meine Geschmacksrichtung.» Und zack! Gekauft. So bin ich. Ein Mann der Tat. Zumindest wenn's ums Essen geht! Wer Hunger hat, fragt nicht. Noch weniger denkt er. Das weiß die Lebensmittelindustrie und hat deshalb nicht die geringste Scheu, Butterkekse sportlich zu nennen.

Nachdem ich also, da in der Wohnung kein Dosenöffner zu finden war, mit einer spitzen, mir stabil erscheinenden Gabel und einem Zierstein aus dem Topf einer Zimmerpflanze erfolglos versucht hatte, diese Dose zu öffnen, lag irgendwann die völlig verbogene Gabel vor mir. Anklagend blickte sie mich an, als wollte sie sagen:

«Und du willst wirklich der Spezies angehören, die gerade nach zehnjährigem Flug und exakter Berechnung eine Sonde präzise auf einen zur Sonne rasenden Kometen geschossen hat?»

Was antwortet man einer enttäuschten Gabel auf solch eine Frage?

Noch während ich darüber nachdachte, lieferten mir die Nachrichten die Antwort. Der Chef des im Bau befindlichen Flughafens Berlin Brandenburg gab bekannt, dass er bis Weihnachten doch keinen Eröffnungstermin würde nennen können. Ja nicht mal ein Termin, an dem der Termin benannt wird, wäre möglich.

Also, es ist natürlich eine blöde Frage und unangenehm reißerisch, aber trotzdem: Wie kann es sein, dass die Menschheit einen Zehn-Jahres-Flug durch den Weltraum über Milliarden von Kilometern unter Berücksichtigung von Trillionen von Daten auf den Punkt exakt vorausberechnen kann, jedoch nicht in der Lage ist, den Fertigstellungstermin eines Flughafens, der ja noch nicht einmal selbst fliegen muss, zu ermitteln. Sind uns die unendlichen Weiten des Weltalls, mit all ihren Magnetstürmen, womöglich doch nicht so fremd, komplex und geheimnisvoll wie eine Baustelle in Brandenburg? Wo sind die Chancen, auf intelligentes Leben zu treffen, größer? Könnte man die ESA, die Europäische Weltraumorganisation, nicht vielleicht bitten, ihre nächste Sonde mal nicht auf einen zur Sonne rasenden Kometen zu schießen, sondern auf die Flughafenbaustelle Berlin Brandenburg? Vielleicht würden wir durch so eine Sonde zu verlässlichen Daten über diesen Flughafen kommen. Oder man könnte sogar statt eines Kometen die BER-Baustelle zur Sonne rasen lassen …

Gut. Das alles ist selbstverständlich sehr polemisch und ganz sicher ungerecht. Außerdem steht es jemandem, der versucht hat, eine Dose Linseneintopf mit einer Gabel und einem Zierstein zu öffnen, vielleicht gar nicht zu, anderer Leute Baustellen zu kommentieren.

Deshalb noch mal im Guten. Diese Flughafenbaustelle ist ja mittlerweile auch ein bisschen Teil der Berliner Folklore und Geschichte geworden. Im Sommer 2017 haben wir fünf Jahre Nichteröffnung. Sollten wir das nicht ein wenig feiern? So etwas wie die Lichtergrenze zu fünfundzwanzig Jahre Mauerfall könnte man doch auch für den

BER veranstalten. Auch mit diesen Ballons. Ich meine, das wäre doch interessant zu erleben, etwas von dort fliegen zu sehen. Wie sich das wohl anfühlt. Hätte man mal 'nen Eindruck.

Fröhlich feiernde Physiker

Donnerstagmittag. Vor dem Düsseldorfer Hauptbahnhof steht eine relativ große Gruppe von Physikstudenten und singt. Also ich glaube zumindest, dass es Physikstudenten sind, denn auf die Melodie von «Guantanamera» singen sie:

«Quantenmechanik, studieren Quantenmechanik. Quantenmechaaaaanik ...»

Das sieht man aber auch selten. Fröhlich feiernde Physiker. An einem Donnerstag zur Mittagsstunde. Was ist wohl der Anlass? Haben sie einen Studienplatz bekommen oder gar schon ihren Abschluss gemacht? Vielleicht sind sie sogar noch weiter, und einer von ihnen hat das Higgs-Boson gefunden. Es eventuell sogar isoliert. Soll man das überhaupt isolieren? Wenn ja, warum? Ich weiß so wenig über die moderne Physik. Nun, wo sie gerade so ausgelassen sind, kann man ja vielleicht mal mit ihnen ins Gespräch kommen. Sich informieren. Feedback von der Basis liefern. Ihnen Tipps für kommende Forschungsprojekte geben.

Aber was wünsche ich mir von der Physik? Vielleicht einen Materiewandler. Das wäre mal was. Oder noch besser: ein Nahrungsmittelsimulator. Also man isst einen frischen grünen Salat, aber ein spezieller Wahrnehmungs-Synapsenfilter sorgt dafür, dass es sich so anfühlt, schmeckt und riecht, als äße man eine Bratwurst. Eine andere Erfindung, auf die ich schon lange warte, wäre die sich täglich selbst reinigende Wohnung.

Das könnte ich den fröhlichen Physikern doch jetzt endlich sagen. Sie sollen sich auch mal wieder auf die Anwenderwissenschaft konzentrieren. Nicht immer nur Grundlagenforschung mit Kernfusion, Photonenbeschleuniger, Antimaterie und so. Klar, das ist wahrscheinlich auch wichtig, aber andererseits hat man da, wenn's blöd läuft, auch schnell mal – hoppla! – ein Schwarzes Loch produziert, das dann unsere ganze Galaxie verschluckt. Wobei ich allerdings einräumen muss: Besser, sie machen Schwarze Löcher als intelligente Haushaltsgeräte. Das wiederum ist eine Art der Anwenderforschung, die ich schon immer unnötig fand. Es gibt ja die Legende, dass der erste wirklich intelligente Staubsauger, sprich ein Staubsauger, den man tatsächlich mit «Zusammenhänge erkennender Intelligenz» ausgestattet hatte, sich geweigert haben soll, häufiger als alle halbe Jahr Staub zu saugen, weil das vom Energieaufwand her nicht sinnvoll wäre. Will heißen, sobald ein Haushaltsgerät echte Intelligenz besitzt, fängt es an, sich vor der Arbeit zu drücken. Wer möchte denn so was? Meine Haushaltsgeräte sollen deshalb einfach doof sein und tun, was man ihnen sagt. Machen sie aber auch nicht. Nicht mal die dummen.

Die Studenten singen mittlerweile ein neues Lied:

Da simma dabei, wir sind pri-i-ma!
Grund-laaagen-physiker!
Wir schicken, schicken Teilchen schick ma da in dem Kreis herum,
und wenn wir uns verrechnen, macht's auch schon mal ordentlich bum.
Da simma dabei, wir sind pri-i-ima …

Naturwissenschaftler sind komische Menschen. Während des Studiums war ich mal auf einer Party, wo vornehmlich Chemiestudenten geladen waren. Als Kennlernspiel sollte man sagen, welches chemische Element man gerne wäre, hätte man die Wahl. Da mir kein anderes eingefallen ist, entschied ich mich für Helium. Daraufhin wurde ich den Rest des Abends von allen wie ein völliger Idiot behandelt. Ich weiß bis heute nicht, warum.

Um endlich mit den lustigen Physikern ins Gespräch zu kommen, singe ich lautstark mit. Dann versuche ich, einen eigenen Kanon zu starten. Auf die Melodie von «Der Hahn ist tot» singe ich:

Das Higgs-Boson, das Higgs-Boson,
Das Higgs-Boson, das Higgs-Boson,
kannste nich gut sehn, guckste hier, guckste da,
kannste nich gut sehn, guckste hier, guckste da,
guck, guck, guck, guck, guck, guckste hier, Higgs-Boson,
guck, guck, guck, guck, guck, guckste da, Higgs-Boson.

Keiner singt mit. Stattdessen zieht der Pulk plötzlich los Richtung Innenstadt. Nur eine dunkelhaarige Frau mit wachem Blick bleibt zurück.

«Also, ich fand Ihren Higgs-Boson-Kanon schön.» Sie lächelt sehr nett. Frage sie, was sie sein wollte, wenn sie ein chemisches Element wäre.

Sie zuckt die Schultern. «Keine Ahnung. Aber auf keinen Fall Helium. Das wäre ja nun völlig bescheuert.»

Die Grenzen des technisch Machbaren

Nicht alle Probleme dieser Welt lassen sich durch Technologie lösen. In meiner Kindheit hatte man das noch geglaubt. Wir träumten von einer Welt mit fliegenden Autos, Wohnmodulen auf dem Mond, Nahverkehrsraumschiffen in unserer Galaxie oder selbstreinigenden Küchen. Speziell das Ausbleiben der Letzteren war eine große Enttäuschung. Insbesondere innerhalb meiner WG.

Das emotionale Loch, in das man fällt, wenn man realisiert, dass einige Probleme eben doch nicht so einfach durch Technik zu lösen sind, ist eines der tiefsten überhaupt. Erst recht, wenn man sehr plötzlich und unerwartet hineinstürzt.

Daher ist der Versuch löblich, die Menschen langsam an diese Erkenntnis heranzuführen. In der Nähe von Berlin beispielsweise haben wir ein relativ großes Testgelände, wo man jetzt schon seit beinah fünf Jahren erforscht, was alles technisch nicht möglich ist, und das dann den Menschen präsentiert. Stück für Stück. Zum Teil sogar auch Sachen, von denen man denken würde: «Na, das müsste technisch doch eigentlich kein Problem sein!» Doch selbst da gelingen erstaunliche Demonstrationen der Grenzen des technisch Machbaren.

Als im Jahr 2013, also vor mittlerweile vier Jahren, mein letzter Geschichtenband erschien, haben wir lange diskutiert, ob wir die Geschichte zum Flughafen Berlin Brandenburg – «Der werfe die erste Rolltreppe» – mit in das Buch nehmen sollten. Wir hatten Angst, bis zum Erscheinungstermin könnten sich dort alle Schwierigkeiten in Luft aufgelöst haben, es gäbe längst einen verbindlichen Eröffnungstermin und niemand interessiere sich mehr für die Probleme der Baustelle. Diese Furcht ist längst verflogen. Sehr häufig dachte man in den letzten fünfeinhalb Jahren: «So, jetzt hammse alles gemacht. Da kann nix mehr kommen, keine neue Katastrophe mehr, irgendwann fällt denen doch auch nichts mehr ein.» Und zack! Hatten sie wieder einen rausgehauen. Das imponiert irgendwo auch und hat in Berlin mittlerweile sogar dazu geführt, dass die Leute sich mit der Baustelle solidarisieren. Längst murmelt hier so mancher hinter vorgehaltener Hand: «Wir sind BER!» Nicht ohne einen gewissen Stolz. Denn vieles bei diesem Flughafen ist ja auch einfach nur Pech.

Beispielsweise die Geschichte mit den Entrauchungsanlagen.

Als im Herbst 2015 ein Baustopp verhängt werden musste, weil die speziell für das Dach der Haupthalle produzierten Entrauchungsanlagen leider eben speziell für dieses Dach zu schwer waren und daher Einsturzgefahr drohte, war mein erster Gedanke: Wer kennt das nicht? Das hätte mir auch passieren können. Gerade mit Gewicht vertut man sich so schnell. Wie oft stand ich schon auf der Waage und dachte: Konstruktionsfehler! Anders ist dieser Wert nicht zu erklären. Also muss man dann schätzen. Denn mit dem angezeigten Wert kann man ja nicht arbeiten. Aber schätzen ist bei einer Entrauchungsanlage schwierig. Denn das wirkliche Gewicht einer Entrauchungsanlage wird natürlich auch erst zur Gänze klar, wenn denn mal der ganze Rauch drin ist. Und wie will man das wiederum seriös schätzen? Zumal man ja nicht weiß, was überhaupt brennen wird.

Das sind technische Probleme, von denen der Laie sich häufig gar keine Vorstellung macht. Dabei war die Idee dahinter doch gar nicht so schlecht. Wie meistens. Denn in dem Moment, wo der ganze schwere Rauch in den Entrauchungsanlagen steckt, kracht natürlich automatisch das Dach zusammen, und dann entraucht es schließlich sehr schnell. Eigentlich nicht blöd. Als sofortige Notentrauchung ein völlig neuer, unkonventioneller Ansatz. Quasi Zukunftswerkstatt. Also mehr Werkstatt als Zukunft, aber immerhin. Doch leider zu kostenintensiv, da hinterher jedes Mal das ganze Dach neu gemacht werden muss. Das hat man nicht bedacht. So ist es ständig: Ein Flüchtigkeitsfehler im Haushaltsplan, eine Unachtsamkeit im Ablauf der Subfunktionen, und schlagartig fühlt sich jeder Trottel dazu berechtigt, blöde Witze über einen zu reißen.

Daher fordern viele Berliner längst einen kompletten Neuanfang für den BER. Das geht bis in höchste politische Kreise. Es gab sogar schon eine ganz offizielle Senatseingabe mit der Forderung: «Noch mal ganz von vorne. Sprich: Alles abreißen und komplett neu bauen!»

Fände ich okay. Von mir aus. Kann man machen. Aber ich würde dann nicht noch einmal einen Flughafen bauen. Das hat sich nicht bewährt. Wer macht denn zweimal den gleichen Fehler? Stattdessen sollte man vielleicht zunächst was Einfacheres bauen. Etwas, das gelingen kann. Damit man erst mal ins Bauen reinkommt. Zum Beispiel eine Brücke. Das wäre ein schöner Kompromiss. Eine Brücke ist auch ein ernstzunehmendes, kompliziertes Projekt, aber eben nicht ganz so schwierig. Das kann gelingen. Und wenn da nicht mal ein Fluss ist, ist es ja auch nicht so gefährlich. Dann hätte man wenigstens mal ein Erfolgserlebnis.

Klar, es würde natürlich auch wieder Kritik geben. Sicherlich kämen Fragen wie: «Warum baut ihr eine Brücke im Flachen über nix?» Wenn die Leute sonst nichts zu meckern haben, fangen sie ja gerne mal an, nach dem tieferen Sinn zu fragen. Aus Langeweile. Doch denen sollte man ganz klar antworten: «Weil wir es können.» Denn das ist ein starkes Argument. Eine Brücke im Flachen baut man eben nicht aus der Not heraus. Da man sonst nicht über einen Fluss oder eine Schlucht kommt. Aus verzweifeltem Pragmatismus. Nein. Eine Brücke im Flachen baut man aus schierem Talent. Als Kostprobe seiner Fähigkeiten, quasi ein Kunstwerk. Um etwas für die Nachwelt zu schaffen. Etwas, das nicht für einen profanen Zweck steht, sondern für sich selbst. Keine Notbrücke, sondern eine Wunschbrücke. Wo jeder auch anerkennend sagen wird: «Das hätten die nicht gemusst.» Und zusätzlich sollte man noch bedenken: Wenn plötzlich doch ein Fluss käme – dann wäre die Brücke schon da! So.

Denn das ist es, worum es heute geht: vorausschauendes Bauen. Modernes Planen. Natürliche Entwicklungen abwarten. Auch dem Zufall eine Chance geben. Ungewöhnliche Dinge machen und auf Entwicklungen hoffen. Also erst mal fertig bauen und hinterher überlegen, was es denn geworden ist. Das ist innovatives Gestalten. Nicht am Reißbrett, sondern ergebnisorientiert. Nur so ließen sich auch wieder Mammutprojekte pünktlich und etattreu realisieren. Wenn man jedoch von Anfang an verrät, was man baut, macht man es den Kritikern viel zu einfach.

Hat das mit der Brücke dann mal geklappt, kann man auch wieder größer denken. Sollte man sogar. Den Rückenwind nutzen und gleich das nächste Projekt anschließen.

Aber auch das muss wieder beeindrucken, verblüffen! Möglichst sogar noch viel mehr. Etwas wie:

Eine Pyramide!

Das würde die Leute fraglos beeindrucken. Ein perfektes Folgeprojekt. Denn auch eine Pyramide baut man ja nicht aus der Not heraus. Das muss man schon richtig wollen. Ein riesiges, gewaltiges Grabmal. Gigantisch! Da würden alle staunen.

Doch kurz bevor sie fertig wäre, käme noch die untere Bauaufsichtsbehörde, um sich das Ganze mal anzuschauen. Wäre sicher auch mächtig beeindruckt, würde aber dann doch bedauernd sagen:

«O nee. Leider nein. Können wir so nicht genehmigen. Als Pyramide. Tut uns leid. Aber so, wie das jetzt ist? Als Pyramide? Da sind uns die Hände gebunden! Hingegen als Flughafen ... Das könnten wir machen.» Eventuell könnte man so ja doch noch zum Ziel kommen. Selten führt der direkte Weg zum Erfolg. Der Umweg ist fast immer der Pfad zur Lösung. Zumal es sich beim BER im Moment ohnehin eher andersrum darstellt. Wenn die untere Bauaufsichtsbehörde überhaupt was sagt, dann: «Ouh, als Flughafen kann das so leider immer noch nicht in Betrieb gehen ... Aber als gewaltiges, gigantisches Grabmal. Das wäre quasi fertig.»

An sich ist das sowieso der einzige Vorwurf, den ich den BER-Verantwortlichen heute noch machen würde. Dass ihnen der Mut fehlt, den Tatsachen ins Gesicht zu sehen und einzuräumen: «Gut, dann haben wir eben einen Friedhof gebaut. Besser als nix.» Was ich okay fände. Denn es wäre ja zumindest ein spektakulärer Friedhof. Außergewöhnlich. Innovativ. Der modernste Friedhof Europas. Und verkehrstechnisch super angebunden. Welcher Friedhof sonst hat zwei Landebahnen.

Aber so eine kluge Lösung wird wohl politisch nicht durchzusetzen sein. Hätte man kluge, einfache Lösungen gewollt, hätte man es von Anfang an anders angehen müssen. Dass die Tests der Entrauchungs-, Brandschutz- und Abgastechnologie am Flughafen so miserabel waren, dass man ihn nicht mal teileröffnen darf, war völlig unnötig. Wäre der Auftrag für diese Anlagen an VW gegeben worden – wir hätten super Testergebnisse erhalten. Und selbst wenn später alles rausgekommen wäre, hätte man einfach VW verklagen können. Dann hätten die alles gezahlt. Selbst das anfangs fehlende Dach hätte man mit VW offensiv vermarkten können. Als Flughafen-Modell BER-Cabrio zum Beispiel. Wir hätten den coolsten Flughafen der Welt gehabt. Aber so ist er ja auch was Besonderes. Und das, seien wir ehrlich, ist für Berlin doch immer noch das Wichtigste.

Flirten wie Derrick

«Ihre Aussage weist einige Ungereimtheiten auf. Wollen Sie sie vielleicht noch einmal überdenken?»

Ari schaut die Verkäuferin streng an. Die aber grinst.

«Nein, ich bleibe bei meiner Vermutung, dass in Ihrem Kopf gerade ein Hamster pupst.»

«Gut, im Moment können wir Ihnen noch nichts nachweisen. Aber ich behalte Sie im Auge.»

Ari lächelt. Er ist der Sohn des besten finnischen Freundes meines Bielefelder Onkels und gerade zum ersten Mal mit seiner Band für eine Woche in Berlin. Da sie ohnehin bei ihrer Tour draufzahlen, hat mich der Onkel gebeten, Ari ein paar Tage bei uns wohnen zu lassen. Kein Problem. Ari ist freundlich, höflich und spricht sogar ziemlich gut Deutsch. Wenn auch ein ungewöhnliches. Gelernt hat er es mit deutschen Krimiserien, also «Der Alte», «Der Kommissar», «Derrick», «Ein Fall für Zwei» und «Tatort». Da Serien oder Filme in Finnland nicht synchronisiert werden, musste er die immer auf Deutsch mit Untertiteln gucken und hat somit, beinahe ohne es zu merken, recht ordentlich unsere Sprache gelernt. Beziehungsweise den Teil unserer Sprache, der für öffentlich-rechtliche Krimiserien benötigt wird. Er spricht quasi ein Derrick-Deutsch. Zudem hat er eine etwas seltsame Vorstellung von unseren Umgangsformen, da auch hier die Fernsehserien auf ihn abgefärbt haben. Die Verkäuferin in der Herrenabteilung schaute schon seltsam, als er zur Begrüßung seinen Ausweis gezeigt hat und sagte: «Guten Tag, Ari Kolpossei, darf ich Ihnen ein paar Fragen stellen?»

Da alle in der Band schwarze Anzüge tragen und er gestern im Zuge eines Cateringunfalls unter mehrere Teller Nudeln mit Tomatensoße geraten ist, wollen wir ihm einen neuen, billigen schwarzen Anzug besorgen. Die Verkäuferin bringt uns ein weiteres Modell.

Ari will ihr angespanntes Verhältnis etwas auflockern und fragt: «Wo waren Sie in der vorigen Nacht zwischen 21 Uhr und 0.30 Uhr?»

«Was?»

«Verunsichert Sie diese Frage?»

«Auch wenn es Sie überhaupt gar nichts angeht: Ich war zu Hause und hab ferngesehen.»

«Haben Sie dafür Zeugen?»

«Nur meine Katze Sophie.»

«Wie können wir diese Sophie erreichen, um Ihre Aussage zu überprüfen?»

«Oh, legen Sie sich einfach nachts zwischen 2 und 5 Uhr neben die Mülltonnen in unserem Hof und reiben sich mit altem Fisch ein. Die Katze findet Sie dann schon.»

Als sie sich umdreht, um den nächsten schwarzen Anzug zu holen, schnauze ich Ari an: «Was machst du?»

«Ich flirte.»

«Ach so. Weiß die Verkäuferin das auch?»

«Das kann ich erst sagen, wenn ich ihre Aussage überprüft habe. Ich glaube, sie verschweigt uns noch etwas.»

Die junge Frau kommt zurück. Sie gibt Ari die neue Hose und kontrolliert dann beim zuletzt anprobierten Anzug die Taschen. Wahrscheinlich, um was zu tun zu haben, damit Ari sie nicht weiter belästigt. Der aber denkt nicht im Traum daran, den Mund zu halten.

«Haben Sie dafür einen Durchsuchungsbeschluss?»

«Was?»

«Ist schon in Ordnung, aber vermerken Sie bitte in Ihrem Bericht, dass ich mich kooperativ verhalten habe.»

«Also gut, Herr Kolpossei. Ich vermerke höchstens, dass Sie zwar echt süß sind, aber ansonsten hat Ihnen ja wohl einer Kuchenkrümel ins Hirn gebröselt.»

Ari macht ein ernstes Gesicht.

«Tut mir leid, aber diese Aussage werden wir vor Gericht nicht verwerten können. Ist das Synthetik?»

«Nein, das ist ein Schurwolle-Viskose-Gemisch.»

«Hm, mal sehen, was die Spurensicherung dazu sagt.»

Sie stampft auf. Spricht leise, aber mit großer Intensität:

«Na ja, wenn Sie so weitermachen und ich dann irgendwann mit Ihnen fertig bin, wird die Spurensicherung wahrscheinlich sagen: Notwehr! Oder besser noch: höhere Gewalt!»

Ich beschließe, um dem Ganzen ein Ende zu machen, dass wir einen passenden Anzug gefunden haben. Beim Zahlen lädt Ari die Frau zum Konzert ein und überreicht ihr seine Karte. «Falls Ihnen noch irgendetwas einfallen sollte, rufen Sie mich einfach an. Jederzeit.»

Diese Episode ist mittlerweile mehr als drei Jahre her. Sie ist tatsächlich mit ihm zum Konzert gegangen und Ari ein halbes Jahr später nach Berlin gezogen.

Heute sehe ich die beiden zum ersten Mal wieder. Ich bin wohl nicht der Einzige, der gerührt ist, als nun der Standesbeamte die Verkäuferin mit Blick auf Ari fragt:

«Haben Sie diesen Mann schon einmal irgendwo gesehen?»

«Kann ich ihn mir noch mal genauer anschauen?»

«Nein. Wollen Sie ihn zu Ihrem gesetzlich angetrauten Mann nehmen?»

Stille, bis Ari flüstert: «Du hast das Recht, die Aussage zu verweigern, wenn du dich damit selbst belastest.»

Da willigt sie ein. Für beide lebenslänglich. Wenngleich die entsprechende Formel auf beider Wunsch hin bei der Zeremonie nicht gesprochen wurde.

Auch Krimis können schnulzig enden. Oder um es mit den Worten des kichernden Brautvaters vor dem Standesamt zu sagen:

«Ari, ich hol dann schon mal den Wagen.»

Rosen für die Rottweiler

Mein Bielefelder Onkel erzählte mir kürzlich von einem juristisch interessanten Fall drei Dörfer weiter von seinem.

Dort war einem kleinen Landwirt wohl recht übel von der örtlichen Sparkasse mitgespielt worden. Durch irgendwelche fragwürdigen Kreditrahmenbedingungen und plötzliche Kündigungen drohte er mehr oder weniger Haus und Hof an ebendiese Sparkasse zu verlieren.

Wutentbrannt kündigte er daraufhin dem Sparkassendirektor Rache an. Er wolle auch ihm das Liebste nehmen, nämlich seine Rosenbeete. Tatsächlich war der Sparkassendirektor ein leidenschaftlicher Züchter außergewöhnlicher Rosen und anderer höchst seltener, wertvoller Gewächse, die ihm augenscheinlich das Kostbarste auf der Welt waren. Der geschädigte Teilzeitbauer kündigte somit lautstark an, diese in Kürze mit einem Spaten sehr radikal und äußerst endgültig zu ernten. «Bis hinter die Knollen», wie er ausgerufen haben soll, obwohl es sich bei der Mehrzahl der Pflanzen eigentlich um Wurzelgewächse handelte.

Daraufhin schaffte sich der Direktor zum Schutze seiner Beete zwei scharfe, sehr beeindruckende Rottweiler an.

Dem wütenden Landwirt jagten die jedoch anscheinend nicht den erhofften Respekt ein. Denn nur wenige Abende später stürmte er zügig in Richtung der Beete. Gekleidet in vermeintlich bissfestes Leder und bewaffnet mit einem rustikalen, geschliffenen Spaten. Als dem nicht minder cholerischen Direktor klarwurde, dass hier keine Polizei niemals mehr rechtzeitig eintreffen würde, ließ er also die Hunde auf den Angreifer los.

Der jedoch griff, kurz bevor die Hunde ihn erreichten, in seine Taschen, holte zwei Handvoll stark duftende Würste heraus und warf diese mit Schwung in die Rosen- und Pflanzenbeete. Kein Spaten dieser Welt hätte die Beete gründlicher umgraben können als die beiden wurstbesessenen Rottweiler.

In der Folge stritten die Juristen darüber, ob es eigentlich verboten sei, frische, wohlriechende Würstchen in Rosenbeete zu werfen. Wahrscheinlich nicht.

Zum Politikum wurde das Ganze allerdings, als der streng pazifistische Pfarrer des Ortes diesen Fall in seiner Predigt aufgriff und die Rottweiler mit Antiterrorgesetzen oder sogar modernen Waffensystemen verglich, die sich doch letzten Endes nur gegen die eigenen Rosenbeete und Werte richten und diese zerstören würden. Das wiederum veranlasste den eher konservativen örtlichen Hundesportverein dazu, eine Verleumdungsklage gegen den Pfarrer anzustrengen, da es die Würde des Tieres, also eines Rottweilers, verletze, mit einem Antiterrorgesetz verglichen zu werden.

Diese Klage wurde schließlich, nach einigem Hin und Her sowie kleineren Randscharmützeln, abgewiesen. Der Begründung war im Groben zu entnehmen, man dürfe Hunde, speziell Rottweiler, im Prinzip mit allem vergleichen, außer mit Menschen. Sogar beschimpfen darf man sie praktisch ungestraft. Das wiederum veranlasste die vielen mittlerweile streitenden Bewohner des Ortes dazu, sich nicht mehr gegenseitig, sondern nur noch die Tiere des jeweils anderen zu beleidigen, um so Zivilrechtsklagen aus dem Weg zu gehen.

Mein Onkel meinte, es klänge verrückt. Aber das Beschimpfen der Tiere der anderen entpuppte sich als Glücksfall für den Seelenfrieden des kleinen Dorfes. Nach einiger Zeit war das meiste gesagt und fast alle Streitereien irgendwie beigelegt oder zumindest zur Ruhe gekommen. Selbst für den Landwirt und seinen Hof fand der Sparkassendirektor am Ende wundersamerweise doch noch eine einigermaßen erträgliche Lösung.

Ob sich aus der ganzen Sache jetzt allerdings was lernen lässt, das kann nicht einmal mein Onkel sagen. Auf alle Fälle ist nun wohl jeder im Dorf der Meinung, im Recht gewesen zu sein, und damit auch zufrieden. Die Tiere hingegen seien klug genug, nicht allzu viel auf das Gekläffe der Menschen zu geben.

Ein Hubschrauber wird kommen

Es klingelt an der Tür. Ich öffne. Ein Mann steht vor mir. Zerschlissene Schuhe. Zerschlissene Jeans. Zerschlissenes Lächeln. Aber immerhin: Seitenscheitel. Auf seinem vergleichsweise gepflegten, dunkelrotzfarbenen, hautengen Sweatshirt steht: «I love Zossen». Aber «love» eben nicht ausgeschrieben, sondern stattdessen nur so ein Herz als Symbol. Kennt man ja. Und «I» ist auch kein Buchstabe, sondern ein Hühnerei. Und Zossen steht gleichfalls nicht als Wort ... Also tatsächlich sind da nur ein Ei, ein Herz und ein alter Gaul auf seinem Sweatshirt.

Und genau genommen trägt der Mann, wie ich jetzt langsam mit sanftem Erschrecken erkenne, auch kein Sweatshirt unter seiner Jeansjacke, sondern eben gar nichts. Leider. Er hat sich also offensichtlich «I love Zossen» auf die Brust tätowieren lassen. In Piktogrammen. Die Menschen sind verschieden.

Wie dem auch sei. Tätowierungen sind natürlich Geschmackssache. Aber eine alte Berliner Weisheit sagt: Klingelt jemand, der sich «I love Zossen» als Bilderrätsel auf die nackte Brust tätowiert hat, an deiner Tür, dann stelle lieber keine Fragen, vor deren Antwort du dich fürchtest. Doch bevor ich überhaupt Fragen stellen kann, antwortet er schon:

«Guten Tag, ich bin Batman. Ich brauche Ihre Hilfe.»

«Sie sind Batman?»

«Ja, wer sonst?»

Gute Frage, der Punkt geht an ihn. Aber ich habe auch noch ein Ass im Ärmel.

«Und Batman spricht Deutsch?»

«Diese Frage können Sie sich selbst beantworten.»

«Was?»

«Wer bin ich?»

«Äh ... Batman?»

«Welche Sprache sprechen wir?»

«Deutsch?»

«Damit haben Sie alle Informationen, um Ihre ursprüngliche Frage zu beantworten.»

«Ach.»

«Sind Sie zufrieden mit dieser Auskunft?»

«Na ja schon, irgendwie.»

«Dann wäre es schön, wenn Sie unsere Organisation mit einem kleinen Beitrag unterstützen würden.»

«Welche Organisation?»

«Batman braucht Ihre Hilfe.»

«Echt? Wobei denn?»

«Internationale Flugrettung.»

«Was?»

«Ein Hubschrauber wird kommen.»

«Wann?»

«Wenn Sie tot sind oder schwer verletzt.»

«Dann kommt ein Hubschrauber?»

«Dann wird ein Hubschrauber kommen und Sie nach Hause bringen.»

«Sicher?»

«Wenn Sie Mitglied der internationalen Flugrettung sind und Ihr gelbes Pappkärtchen dabeihaben.»

«Ich bekomme ein gelbes Pappkärtchen?»

«Einen internationalen Flugretterausweis. Wenn Sie ihn dabeihaben, kommt der Hubschrauber.»

«Was kostet das?»

«Gar nichts. Batman interessiert sich nicht für Geld.»

«Das ist ja super. Alles umsonst?»

«Wenn Sie Mitglied sind. Die Mitgliedschaft kostet zweiundsiebzig Euro pro Jahr. Aber wenn man bezahlt hat, ist alles umsonst.»

Zweiundsiebzig Euro! Gut, einerseits nicht billig, aber andererseits kommt dann der Hubschrauber, wenn ich tot bin. Denke, dafür kann man es nicht selber machen, und unterschreibe.

Im Gehen dreht sich Batman noch mal um.

«Wissen Sie eigentlich, dass Sie ein Tattoo von Jogi Löw auf der Stirn tragen?»

«Ja, aber das ist nur ein Paint-Tattoo.»

«Oh, Paint-Tattoo. Welche Technik?»

«Äh, Zeitungsdruck, im Still-Dösen-Verfahren.»

«Das klingt aufwendig.»

«Allerdings. Dafür braucht es viel Zeit und Schweiß.»

Batman nickt. Nicht mit seinem eigenen, sondern mit dem Pferdekopf seines Brusttattoos. Indem er seine Muskeln dort irgendwie geschickt anspannt und wieder lockert. So dass das Pferdekopftattoo eben nickt, wenn nicht sogar lacht. Bemerkenswert. Dann spricht er wieder, mit dem eigenen Kopf.

«Für so ein Paint-Tattoo auf der Stirn braucht es viel Mut. Das würde ich mich niemals trauen. Respekt.»

Der Pferdekopf zwinkert mir noch mal anerkennend zu. Dann rutscht Batman auf dem Treppengeländer davon. Den hatte ich mir auch immer ganz anders vorgestellt.

Inception

«Also seit einiger Zeit habe ich diesen Traum. Da befinde ich mich in einer Welt rund zwanzig Jahre in der Zukunft, und Forscher entdecken gerade den Weg zum ewigen Leben. Sie haben nämlich eine Möglichkeit gefunden, ein komplettes menschliches Bewusstsein zu digitalisieren. Also das gesamte Gehirn und Gedächtnis, alle Erfahrungen, Empfindungen und Überlegungen, mitsamt dem wuchernden Unterbewusstsein auf einer Festplatte zu speichern. Und nun wollen sie ein vollständiges menschliches Bewusstsein in einen hochentwickelten künstlichen Körper überspielen, wodurch dieser Mensch, da die Hülle nicht altert, praktisch ewig leben könnte. Ausgerechnet ich bin in meinem Traum der erste Kandidat für so ein ewiges Leben. Ausgewählt aus acht Milliarden. Eine große Ehre. Dachte ich. Doch dann teilt mir der Arzt mit, das Problem der Wissenschaftler wäre bislang die Speicherkapazität gewesen. Es hätte ihnen einfach nicht gelingen wollen, einen Speicher zu entwickeln, der ein komplettes menschliches Bewusstsein als eine einzige Programmdatei speichern kann. Bis sie mich gefunden haben. Mein Bewusstsein wäre das weltweit erste, das auf eine handelsübliche externe Festplatte passt ...»

Das große hyperintelligente Schaf, das mir mit einem Block und übergeschlagenen Beinen gegenübersitzt, wiegt bedächtig den dreieckigen Kopf: «Määäh. Und dieser Traum ärgert Sie? Määhh.»

Ich schüttle den Kopf.

«Ach wissen Sie, wer bei einem großen hyperintelligenten Schaf in psychologischer Behandlung ist, der begegnet auch solchen Träumen zunehmend mit Gelassenheit.»

Das Schaf nickt: «Määähh.»

Was das Schaf nicht weiß, ist, dass es eigentlich aus einem anderen meiner Träume kommt. Warum ich davon Kenntnis habe, ist unklar, aber wohl auch irrelevant. In dem Traum geht es darum, wie in einem geheimen unterirdischen Labor an einem Megaintelligenzserum gearbeitet wird, auch mit Tierversuchen. Dann jedoch kommt es zu einer gigantischen Explosion, die das gesamte Labor inklusive der weiteren Umgebung wegsprengt. Alles, was übrig bleibt, sind sieben wie durch ein Wunder unverletzte, hyperintelligente Schafe. Jedes ungefähr zwanzigmal so klug wie der scharfsinnigste Mensch. Seltsamerweise versuchen diese sieben Schafe dann aber nicht, die Weltherrschaft an sich zu reißen, sondern werden allesamt Psychologen. Einige Zeit später kommt heraus, dass die Schafe gar nicht durch die Explosion hyperintelligent geworden sind, sondern die gesamte restliche Menschheit und Tierwelt einfach nur wahnsinnig dumm, wodurch die an sich ganz normalen Schafe jetzt eben hyperintelligent wirken. Dann kehren allerdings vier Rauhaardackel, die man wegen irgendeines Experiments mehrere Jahre in einer ferngesteuerten Sonde ins Weltall geschossen hatte, auf die Erde zurück. Da sie der Explosion nicht ausgesetzt waren, sind sie jetzt auch gefühlt hyperintelligent, übernehmen jedoch, da Rauhaardackel nun mal anders drauf sind als Schafe, sofort die Weltherrschaft. Das gelingt ihnen, weil sie eine Möglichkeit gefunden haben, ihren eigenen Urin hektoliterweise zu synthetisieren, um damit dann einfach sämtliche Bäume und Häuserecken dieser Welt als die ihren zu markieren. Ab da allerdings wird auch dieser Traum sehr, sehr kompliziert und ein bisschen seltsam.

Grundsätzlich finde ich es ja ohnehin verwirrend, wenn plötzlich Charaktere aus dem einen Traum Rollen in einem meiner anderen Träume übernehmen. Sich die Träume quasi überschneiden. So, als müssten sie plötzlich sparen. Vergibt mein Unterbewusstsein von nun an auch Minijobs? Muss das jetzt auch mit irgendwelchen Unterbewusstseinen in Indien oder China konkurrieren? Gibt es schon so etwas wie ein globalisiertes Unterbewusstsein, das uns zwingt, unsere Träume immer billiger zu produzieren?

«Määhh.»

Das Schaf teilt mir mit, dass die Sonne gleich aufgehe. Es müsse nun mit seinen Freunden von der Herde, dem Hund und dem Hirten, zu einer anderen Weide weiterziehen. Im Übrigen findet das Schaf es aus therapeutischer Sicht schwierig, dass es ständig von mir, seinem Patienten, träumt.

DAS WUNDERN

> «Manchmal denke ich, das sicherste Indiz dafür, dass anderswo im Universum intelligentes Leben existiert, ist, dass niemand versucht hat, mit uns Kontakt aufzunehmen.»
>
> *Calvin und Hobbes*

Das Geheimnis der Fruchtfliegen

Donnerstagmorgen. Komme in die Küche. Wie immer sind die Fruchtfliegen schon wach und begrüßen mich aufgeregt. Die kleinen Racker sausen durch die Küche. Winke ihnen freundlich zu. Bewundere sie. Wie kann man nur um diese Zeit schon so voller Energie sein? Stelle ihnen zum Frühstück das Teekraut von gestern hin. Sie umkreisen es verspielt wie junge Hunde. Nur dass sie eben viel kleiner sind und Tausende und fliegen können. Aber ansonsten von jungen Hunden praktisch nicht zu unterscheiden. Dennoch werden die einen in der Regel als niedlich, die anderen jedoch zumeist als lästig angesehen. Die Menschheit ist komisch. Und häufig ungerecht. Winston Churchill soll ja mal gesagt haben, er möge Schweine. Weil: «Hunde schauen zu uns auf. Katzen auf uns herab. Schweine begegnen uns auf Augenhöhe.» Fruchtfliegen dagegen machen einfach ihr eigenes Ding.

Doch irgendwas ist heute anders. Als würden sie ein Muster, ein Bild im Flug darstellen wollen. Trete einen Schritt zurück, dann erkenne ich es. Ja, sie fliegen praktisch ein Gesicht in der Luft. Und nicht irgendeines. Meine Fruchtfliegen fliegen das Gesicht von Jogi Löw. In meiner Küche.

Respekt.

Schaue auf die Zeitung in der Ecke. Offenkundig hat sich der Matsch einer alten Banane über dem Bild von Löw verteilt. Die Fruchtfliegen haben die ganze Nacht darauf gesessen, und jetzt können sie die Umrisse des Kopfes in der Luft nachfliegen. Bemerkenswert. Reibe alte Banane auf weitere

Zeitungsfotos. Lasse die Kleinen eine Weile drauf sitzen, bis ich sie aufscheuche und staune. Sie fliegen praktisch jedes Bild in der Luft detailgetreu nach. Wahnsinn. Jahrelang hatte ich mich gefragt, welchen Sinn Fruchtfliegen überhaupt innerhalb der Schöpfung haben. Jetzt weiß ich es: Sie sind von Natur aus exzellente Porträtkünstler. Dreidimensional. Also wenn man die Zeitung vorher ein wenig zerknittert. Es hat bislang einfach nur noch nie jemand ihr Talent richtig gefördert. Sigmar Gabriel, Lady Gaga, Erdogan. Kein Gesicht, das die Fruchtfliegen nicht fliegen können. Nur Angela Merkel kriegen sie nicht wirklich hin. Die Bundeskanzlerin sieht in ihrer Darstellung eher aus wie Scarlett Johansson. Offenkundig sind die Fruchtfliegen auch noch ziemliche Charmeure. Die kleinen Tunichtgute. Haben's faustdick hinter den Antennen.

Reibe nun Banane auf einen ganzen Artikel. Warte, scheuche die Fruchtfliegen auf und tatsächlich: Auf der Stelle fliegend, bilden sie den gesamten Artikel ab. In rund achtfacher Vergrößerung. Quasi wie ein Fruchtfliegenbeamer. Hightech in der Küche zum Nulltarif. Auch praktisch, wenn man mal die Lesebrille verlegt hat.

Renne aus dem Haus, um weitere Bananen zu besorgen. Der Gemüsehändler ist irritiert, weil ich nach möglichst alten, schon schwarzen frage.

Als ich in die Küche zurückkomme, steht groß «Hallo, Horst» über dem Küchentisch. In Schwarz, von Fruchtfliegen geflogen. Auf meine Frage, ob sie in der Zwischenzeit mit Hilfe der Zeitung unsere Sprache gelernt haben, fliegen sie einen nickenden Jogi Löw.

Dann schreiben sie mir in die Luft, dass sie eigentlich Abgesandte einer außerirdischen Zivilisation aus einer

Paralleldimension seien. Und dunkelbraune bis schwarze Bananen dienten ihnen als Dimensionsportale, durch die sie von einer Welt in die andere reisen könnten. Ob ich mich denn noch nie gefragt hätte, wie Fruchtfliegen quasi aus dem Nichts auftauchen und auch wieder verschwinden können?

Doch, das hatte ich mich schon oft gefragt. Bislang jedoch ohne Ergebnis. Diese Erklärung ist die erste wirklich nachvollziehbare wissenschaftliche Begründung für ihr plötzliches Auftauchen und Verschwinden, von der ich höre. Ein epochaler Durchbruch. Aber wenn ich damit jetzt an die Öffentlichkeit gehe, also zum Beispiel das Fenster öffne und mein Wissen laut hinausbrülle, werden die Regierungen und Geheimdienste wohl wie immer alle Beweise für außerirdisches Leben beziehungsweise paralleldimensionale Fruchtfliegen vernichten lassen. Am Ende wird es sicherlich so aussehen, als ob ich nicht alle Latten am Zaun hätte. Das kennt man ja. Schließlich wird man mich zwingen, alles zu leugnen. Daher leugne ich alles Gesagte lieber schon jetzt. Noch bevor es gesagt ist. Das spart ein paar Arbeitsgänge.

Nur der Freundin erzähle ich die Wahrheit. Die lacht: «Jaja, ich weiß. Ich habe dich vorhin in der Küche schnarchen gehört. Ziemlich lange. Übrigens hast du ein Tattoo von Jogi Löw auf der Stirn. Das kommt davon, wenn man schwitzend mit dem Gesicht auf der Zeitung einschläft. Sieht gar nicht schlecht aus. Wenn du lachst, wird der Jogi Löw auf deiner Stirn zu Sarkozy. Oder andersrum ...»

«Ichhaaaeekeieeeangst!»

Kürzlich wollte ich rund fünf Minuten nach Ladenschluss noch etwas aus der Apotheke besorgen. Ich erwischte die Apothekerin gerade noch, während sie die Tür abschloss, und rief:

«Kann ich noch schnell?»

«Nein, ist zu.»

«Ich brauche aber nur Kopfschmerz…»

«Nee, ist zu jetzte …»

Da erinnerte ich mich an einen Rat meines Onkels. Mein Onkel hat mir zeitlebens einen Haufen Ratschläge mit auf den Weg gegeben, und ich kann guten Gewissens sagen, dass bis heute wirklich noch kein einziger davon je geholfen hat. Nie. Nicht mal annähernd. Im Gegenteil. Spektakulär beispielsweise sein Ratschlag in meiner Jugend: «Wennde mal Streit mit anderen Jungs hast, vor der Disco oder so, nie zeigen, dass du Angst hast. Pubertierende Jungs sind wie schlechtgelaunte Hunde. Wennde denen zeigst, dass du Angst hast, fressen die dich mit Haut und Haar.»

Also teilte ich kurz darauf in einer Konfliktsituation einer Gruppe größerer, schlechtgelaunter pubertierender Jungs mit, dass ich vor ihnen keine Angst habe. Nun hatte ich aber tatsächlich ganz furchtbare Angst, und in der Tat gibt es wohl kaum etwas Erbärmlicheres, als wenn jemand, dem man an jeder Faser des Körpers ansieht, was für eine furchtbare Angst er hat, aller bebenden Furcht zum Trotz behauptet: «Ich … ha'e kei'e 'ngst …» Leider sagte ich das wohl auch genau so. Also in einem Wort: «Ichhaaaeekeieeeangst», weshalb die anderen Jungs mich zunächst gar nicht verstanden. Noch mal nachfragten. Woraufhin ich insgesamt fünfmal, mit immer höher werdender Stimme «Ichhaaaeekeieeeeangst!» wiederholen musste. Bis sie endlich begriffen, dass ich keine Angst hatte. Was aber nur dazu führte, dass mir ihr Anführer sehr sachlich, fast freundlich erklärte, dies sei sehr schade, weil ihr ganzer Status schließlich nur darauf beruhe, dass alle Angst vor ihnen hätten. Daher wären sie nun gezwungen, die Mühen des Mich-Verprügelns auf sich zu nehmen, bis auch ich endlich verängstigt genug wäre. So würde für sie die Grundordnung wiederhergestellt. Es war quasi eine Art verwaltendes Verprügeln, was sie am Ende auch mit der launigen Bemerkung quittierten: «Mann, Mann, Mann, zu doof zum Angst haben. Na egal, gibt's eben mal 'ne Tracht Nachhilfe. Kostet nichts extra. Wir helfen ja gerne.» Das fanden sie offenbar erstaunlich erbaulich. Ihr Lachen höre ich noch heute. Übrigens auch ein weit verbreitetes Missverständnis. Von wegen: Lache, und die Welt lacht mit dir. Wenn ausgewiesene Drecksäcke lachen, heißt das für den Rest der Welt meist nichts Gutes. Humor in den falschen Händen gehört zu den traurigsten Dingen unserer Gegenwart. Man könnte auch sagen: Immer wenn ein Arschloch lacht, kotzt irgendwo auf der Welt ein Engel.

Aber egal. Warum ich trotz allem immer wieder Ratschläge meines Onkels befolge, weiß ich wirklich nicht. Aber das mit dem Aus-der-Geschichte-lernen ist eh nur so ein Mythos. Wenn da tatsächlich was dran wäre, wären ja fünfundneunzig Prozent der Probleme auf der Welt gelöst oder zumindest auf einem guten Weg. Also außer Krankheiten und Klimawandel vielleicht. Alles andere jedoch haben wir im Prinzip schon mal erlebt. Teilweise mehrfach.

Nur mit weniger fortgeschrittener Technologie und mehr Hoffnung. Warum sollte denn ausgerechnet ich damit aufhören, die gleichen Fehler immer und immer wieder zu begehen? Wenn ich es täte, würde das womöglich auch nur Neid erzeugen.

Deshalb folge ich, als die Apothekerin mir also die Tür vor der Nase zuschlagen will und ich den kleinen Hund im Inneren des Geschäftes erblicke, wieder einmal einem der Ratschläge meines Onkels:

«Wenn eine Frau ein Tier hat und du willst was von ihr, gehe immer den Weg über das Tier. Wenn ihr Tier dich mag, mag sie dich auch.»

Ich singe ihr daher mit geradezu gewinnendem Lächeln durch den immer schmaler werdenden Türspalt ein «Oh, das ist aber ein süßer kleiner, feiner Hund, den Sie da haben!» zu. Die Schließbewegung kommt zum Stillstand. Zwei Sekunden Spannung. Dann öffnet sich mir langsam und weit das Tor zu meinen Kopfschmerztabletten und wohl auch zum Herzen der Apothekerin. Simsalabim. Sie fixiert mich.

«Ein Zwergpinscher. Viele mögen diese Rasse ja nicht. Aber Ihnen gefällt er?»

«O ja, sehr. Und er mag mich, glaube ich, auch. So wie er sich freut.»

«Wunderbar. Ich mag ihn nämlich nicht.»

Sie drückt mir die Leine in die Hand.

«Irgendein Blödmann hat den hier heute früh einfach vorm Laden ausgesetzt und seine Papiere in den Briefkasten geworfen.»

Während sie den Hund aus der Tür schiebt, zieht sie noch einen Umschlag aus der Kitteltasche und drückt ihn mir in die Hand.

«Ich hab nachgesehen. Ist alles korrekt. Er gehört jetzt Ihnen. Viel Spaß damit.»

Dann verschließt sie die Tür und verschwindet im Ladeninneren. Bleibe erstaunt zurück. Der Hund freut sich, wartet aber geduldig, bis ich wieder aus meiner Überforderungsohnmacht erwache.

Nach ungefähr sieben Minuten öffnet sich die Apothekentür noch mal einen Spalt, und eine Packung Kopfschmerztabletten fliegt mir vor die Füße. Sieben Minuten. So lange, hat mein Onkel immer gesagt, braucht auch ein gutes Pils. Ursache und Heilung. So schließt sich der Kreis. Als ich merke, dass ich allmählich wieder sprechen kann, beuge ich mich zum Hund und sage: «Ichhaaaeekeieeeangst!» Er wedelt fröhlich mit dem Schwanz.

Bilden wir am Bedarf vorbei aus?

Im Nachbarhaus wird das Dachgeschoss ausgebaut. Leider sind die Innenhöfe der Häuser akustisch eine Einheit. Man könnte daher auch sagen, in unserem Schlafzimmer wird das Dachgeschoss des Nachbarhauses ausgebaut. Und zwar an jedem Wochentag ab Punkt sieben Uhr. Es ließe sich quasi der Wecker danach stellen. Würde allerdings nichts nützen, da man ihn ja wegen des Baulärms nicht hört.

Um das schwere Material hochzuschaffen, wurde eine motorbetriebene Seilwinde aufgestellt. Viele denken, ein Presslufthammer wäre laut. Aber nur so lange, bis sie das erste Mal so eine Seilwinde gehört haben. Zumindest wenn sie so wie diese wohl schon etwas älter und womöglich auch kränkelnd ist. Kennt man ja von Maschinen. Je älter, desto lauter werden sie häufig. Da sind sie den meisten Menschen nicht unähnlich. Der Korpus des Motorgehäuses erinnert ein wenig an die Oberkörper der Gewichtheber bei den Olympischen Spielen. Und genau das Geräusch, das immer aus denen herausbrüllt, wenn sie ihre Gewichte hochwuchten, macht auch dieses Gerät. Nur sehr viel länger, gequälter, lauter und durchdringender. Jeden Morgen wuchtet die Olympiasiegerseilwinde dreißig Minuten lang die Baumaterialien hoch. Vom Gekreische her versucht sie praktisch immer, den Weltrekord zu brechen. Nur ohne Jubel.

Früher hätte mich das wahnsinnig gemacht. Heute aber, wo ich wegen des Kindes ohnehin um zwanzig vor sieben aufstehe, setze ich mich rechtzeitig mit einer Tasse heißen Kaffee vor das Fenster zum Hof und genieße das Schauspiel.

Irgendwer reißt immer das Fenster auf, um die Bauarbeiter anzuschreien. Wer jedoch schon einmal neben einem Gewichtheberolympiasieger stand und sich verständlich machen wollte, während dieser versuchte, den Weltrekord zu brechen, kann bestätigen, dass das gar nicht so leicht ist. Erst recht, wenn das Gegenüber Lärmschutzkopfhörer trägt. Das müssen sie aus Arbeitsschutzgründen.

Warum dann nicht auch Kopfhörer an die Bewohner der Häuser neben dieser Baumaterialienseilbahn verteilt werden, weiß ich jedoch nicht. Wahrscheinlich, weil die ja nicht arbeiten, sondern quasi nur privat Zeit neben der jaulenden Winde verbringen. Das geht den Staat natürlich nichts an.

Es ist wohl so, dass Baulärm zu bestimmten Zeiten mehr oder weniger als höhere Gewalt gilt. Bei den Berliner Kitas dagegen sieht die Sache anders aus, die haben aktuell vermehrt mit Lärmschutzklagen zu kämpfen. Einigen soll auch schon stattgegeben worden sein. Aufsehen erregte der Fall einer Großpflegestelle in Friedrichshain, die daher eine laute Baustelle vor ihren Räumen einrichtete, um so den Kinderlärm zu übertönen und sich vor Klagen zu schützen.

Hier bei uns aber ist die Welt noch in Ordnung. Da wird nicht gleich geklagt, sondern nach altem Brauch und guter Sitte das Fenster aufgerissen und röhrend geblökt. Das traditionelle Berliner Morgen-Workout. Die Bauarbeiter winken, lächeln und tippen an die Kopfhörer. Ein erhabenes Schauspiel. Es ist erstaunlich, wie sich Menschen in ihrem Rufen irgendwann an die dominanten Klänge anpassen, hier an die des dröhnenden Baugeräts. Mehr und mehr ergibt sich ein Rhythmus mitsamt Akkordfolge. Wie ein sich suchendes Orchester. Ein musikalisches Happening, fast ein akustisches Ready-Made – ein gewiefter Vermarkter könnte womöglich sogar Kulturförderung dafür beantragen. Die Verzweiflung der Anwohner macht das Erlebnis für den Betrachter noch intensiver. Einige von ihnen holen in ihrer Not manchmal polnische Wörterbücher ans Fenster. Nützt aber nichts. Wegen der Kopfhörer und auch weil die Truppe aus der Ukraine ist. Das erfahre ich, als ich später zufällig mit einem der Arbeiter auf dem Bürgersteig ins Gespräch komme. Er, wohl so was wie der Vorarbeiter, spricht ziemlich gut Deutsch und erklärt mir lachend weiter: «Diese Motorseilwinde haben wir schon sehr lange. Der Lärm hat uns eigentlich nie was ausgemacht. Die Lärmschutzkopfhörer tragen wir erst, seit sich ständig Anwohner laut schreiend beschweren. Aber leider dringt ja trotzdem immer ein bisschen was durch. Deshalb versuchen wir meistens die Neuen, die noch fast kein Deutsch verstehen, neben die Seilwinde zu stellen.»

Denke: Gar nicht blöd. Wie wertvoll es sein kann, wenn man, warum auch immer, die Fähigkeit hat, Kritik, egal wie laut sie auch vorgetragen wird, gar nicht wahrzunehmen. Damit kann man Dachgeschosse bauen oder Handelsverträge schließen, oder man wird direkt EU-Kommissar für Fischereifragen. Lernen aber kann man das leider auf keiner Universität. Bilden wir womöglich am Bedarf vorbei aus?

Syndikat

«Auf der Herrentoilette des Syndikats, einer Kneipe in Neukölln, steht ein Mann über eines der Pissoirs gebeugt und schläft. Sich mit der Stirn an der Wand abstützend. Mit noch offener Hose sowie im Schoßbereich ruhenden Händen ist er offenkundig über diesem Pissoir weggepooft. Und das ...», ich blicke zu den drei an meinen Lippen hängenden Zuhörern, «das, liebe Kinder, war also der Moment, wo ich euren Vater zum ersten Mal gesehen habe.»

Gisbert kommt rein.

«Ach Horst, hier bist du, bei den Kindern.»

«Ja, ich habe ihnen gerade erzählt, wie wir uns kennengelernt haben.»

«Echt? Daran kann ich mich gar nicht mehr erinnern.»

«Du hast damals ja auch geschlafen.»

«Ach so.»

Als die Kinder im Bett sind, erklärt mir Gisbert, weshalb er mich zu sich in die Wohnung bestellt hat.

«Horst, es geht um Folgendes. Wie du weißt, war ich in unserer wilden Zeit ziemlich wild.»

«Hast du das so empfunden?»

«Natürlich, du etwa nicht?»

«Na ja, meistens bist du eher früh eingeschlafen. Aber dabei hast du häufig eine erstaunliche Geschicklichkeit und Balance bewiesen.»

«Ja, das ist tatsächlich bis heute so. Du glaubst nicht, in was für Situationen ich schon alles eingeschlafen bin.»

«Doch, das glaube ich sofort.»

«Stimmt, du kennst das ja. Also, wie es aussieht könnte

ich nächstes Jahr wirklich Richter werden. Am Amtsgericht. Aber jetzt ist ein Foto aufgetaucht. Im Netz. Ein altes Foto.»

«Ist es schlimm?»

«Ziemlich. Obwohl auch artistisch. Erinnerst du dich an unsere Kulturreise nach Florenz?»

«Ja, wir waren zu zwölft oder so. Ein total lustiger Haufen.»

«Stimmt eigentlich. Es war extrem heiß. Irgendwer führte einen schlüssigen dialektischen Beweis, dass der Wein der Toskana auch wesentlicher Bestandteil der Kultur sei. Woraufhin wir viel zu früh viel zu viel Kultur in uns reinschütteten. Manchmal auch vergleichsweise niedere, gepanschte Kultur, und das praktisch jeden Tag.»

«Das klingt glaubwürdig, denn ich erinnere mich an gar nichts mehr.»

«So wie ich. Aber nun ist in Florenz ja auch der David von Michelangelo. Ich meine aber nicht das Original, auch nicht die erste Kopie auf der Piazza della Signoria, sondern die zweite Kopie, die da ganz oben auf diesem Platz, auf dieser Aussichtsplattform, steht. Wo nachts praktisch keiner mehr ist und die auch nicht richtig bewacht wurde damals.»

«Ja und?»

«Der ist ja nu nackig. Und es war Nacht. Und wir waren vom Tag ja schon randvoll mit Kultur. Auch ich. Auf alle Fälle gab es da wohl diese Wette, weil ich ja so geschickt bin. Deshalb bin ich da hochgeklettert und hab vermutlich so an seinem primären Dings ... Na ja, kannste dir ja denken.»

«Ich erinnere mich offen gestanden immer noch null. Und denken will ich mir dazu, ehrlich gesagt, erst recht nichts.»

«Musst du auch nicht. Es ist ja jetzt das Foto aufgetaucht, im Netz.»

«Und das ist nicht gut für deine Karriere als Richter?»

«Das *wäre* nicht gut. Noch ist nichts passiert. Aber jemand, ich weiß nicht, wer, könnte es womöglich gegen mich verwenden. Warum auch immer. Und dann stünde ich, wie man so schön sagt, mit dem nackten Arsch im Kalten. Fast im wahrsten Sinne des Wortes.»

«Okay. Und was habe ich damit zu tun?»

«Das ist wie eine tickende Zeitbombe. Ich kann gar nichts dagegen machen. Die einzige Möglichkeit wäre, eindeutig nachzuweisen, dass das auf dem Foto gar nicht ich bin.»

«Guter Plan. Hat nur einen Haken: Du bist es ja wohl, oder?»

«Wahrscheinlich ja. Deshalb hilft mir nur, wenn jemand anderes felsenfest behauptet, er sei es.»

Gisbert schaut mich erwartungsfroh an. Da wir wirklich langjährige gute Freunde sind, bemühe ich mich, so respektvoll wie mir möglich zu antworten.

«Ich glaub, es hackt! Vergiss es! Eher wechselt Lionel Messi zu den Eisbären Berlin.»

«Die Eisbären sind doch eine Eishockey-Mannschaft.»

«Eben.»

«Horst, bitte. Du bist der Einzige, der mir in dem Alter glaubwürdig ähnlich gesehen hat.»

«Quatsch. Du warst doch viel dicker.»

«Offen gestanden nein. Es hat sich nie jemand getraut, dir das zu sagen, aber: Du bist auch dick. Warst es damals schon.»

«Nein.»

«Doch.»

«Nein. Was ist mit meinem Ruf?»

«Ach, bei deinem Beruf wäre das doch egal. Im Gegenteil, das wäre doch vielleicht sogar ganz lustig. So eine Anekdote aus der Studienzeit. Könntest du in den Talkshows ...»

«Das ist nicht lustig, dem David an seinen primären ... Das ist langweilig, widerlich und verklemmt. Ich würde so was nie tun.»

«Bitte, es ist ja gar nicht nur wegen dieser blöden Richterstelle. Es ist auch wegen der Kinder. Ich möchte einfach nicht, dass sie so einen irritierenden Eindruck von ihrem Vater bekommen. Diese alten Geschichten würde ich gerne komplett von ihnen fernhalten.»

«Die alten Geschichten ...» Ich zögere einen Moment, komme aber zu dem Schluss, dass ich ihn jetzt nicht noch mehr belasten sollte. Antworte ihm also, was er hören will: «Ja genau. Da bin ich ganz deiner Meinung. Diese alten Geschichten sollte man wirklich komplett von ihnen fernhalten.»

«Du sollst es ja auch nicht umsonst tun.»

«Gisbert, bitte, du willst Richter werden. Keine Bestechung jetzt.»

«Ach was. Es ist etwas viel Besseres. Weißt du noch den Satz, den ich damals im Syndikat an die Toilettenwand geschrieben habe? Auf den du immer so neidisch warst, weil du ihn gerne an die Wand geschrieben hättest?»

«Hm. Wenn du mich jetzt so direkt fragst: nein.»

«Der Satz lautete: Wer die ganze Nacht schläft, darf sich nicht wundern, wenn er dann tagsüber arbeitet.»

Nun erinnerte ich mich. Auch wenn die Wand längst

mehrfach gestrichen, die Zeit im Syndikat verflossene Geschichte ist und ich den Satz an sich vollkommen vergessen hatte. Mir das Gefühl, ihn seinerzeit an dieses geweißte Holz gekritzelt zu haben, als Erinnerung quasi zu schenken war schon eine ganz große Geste. Deren Bedeutung sicherlich nur sehr, sehr wenige werden nachvollziehen können. Aber für jeden Einzelnen dieser sehr, sehr wenigen sei es dann doch einmal angemerkt. Das Internet vergisst vielleicht nie. Doch wirklich ewiger Ruhm findet sich eben nur im Vergänglichen. Gerade wenn es lang schon verschwunden und von allen vergessen ist. Wenn sich dann doch jemand daran erinnert: Das macht Größe aus.

Gisbert schüttelt mich plötzlich durch.

«Sag mal, Horst, bist du etwa gerade eingeschlafen?»

«Ja, kann sein.»

«Mitten in unserem Gespräch?»

«Schon. Du findest das jetzt wahrscheinlich unhöflich, oder?»

«Geht so.»

«Du wirst nicht glauben, was ich geträumt habe.»

«Ich will's gar nicht wissen. Also, wenn du dich dazu bereit erklärst, dich in dem Moment, wo es ernsthaft ein Thema wird, zu dem Foto zu bekennen, gehört der Satz von der Wand im Syndikat dir.»

Ich willige ein. Während Gisbert mit dem süßen kleinen Zwergpinscher, den ich ihm kürzlich für die Kinder geschenkt habe, runtergeht, schaue ich noch mal nach, ob die Jungs schon schlafen. Tun sie nicht.

«Erinnert ihr euch noch an die Geschichten von der Florenzreise mit eurem Vater, die ich euch beim letzten Babysitten erzählt habe?»

Die drei schauen schuldbewusst zu Boden. Schließlich nuschelt der Älteste:

«Wir fanden das so lustig. Und als wir im Netz das Bild von dem fast nackten Mann auf dem David gefunden haben, der Papa von hinten so ähnlich sah, haben wir ihm das Bild von einem anonymen GMX-Account aus zugeschickt, mit dem Betreff: *Remember Florence*. Als Papa direkt danach so komisch wurde, haben wir schon gemerkt, dass der Scherz wohl nur so mittel war.»

«Ihr Angeber. Löscht den Account. Vergesst das Foto und redet nie wieder davon. Dann gibt es vermulich keinen Ärger.»

Als Gisbert zurückkommt, wirkt er fröhlich wie lange nicht mehr.

«Dieser Hund. Wie bist du nur auf die Idee gekommen, uns einen Zwergpinscher zu schenken?»

«Ach Gott. Ich habe sehr, sehr lange und gründlich darüber nachgedacht, was ein tolles Geschenk für euch und die Jungs sein könnte, und dann ... Letztlich war auch ein bisschen Zufall dabei.»

Bevor ich gehe, drückt mir Gisbert noch einen Umschlag in die Hand. Ich will abwehren, doch er beruhigt mich.

«Das ist kein Geld. Das war nur meine Rückversicherung, falls du auf das Angebot mit dem Satz nicht angesprungen wärst.»

Noch im Treppenhaus öffne ich ihn und ziehe ein Foto heraus, auf dem ich im Syndikat mit der Stirn an die Wand gestützt über ein Pissoir gebeugt tief und fest schlafe. Keine Frage, das bin definitiv ich, und ein klein wenig dick war ich damals auch. Gott sei Dank, sonst wäre das Foto nicht jugendfrei. Schon erstaunlich, wie das Gedächtnis unsere Erinnerungen häufig so hinbiegt, wie sie für unser weiteres Seelenheil am angenehmsten zu archivieren sind.

Ich bin die Zuckerpuppe von der Bauchtanzgruppe

In der Eisenacher Straße. Ein Mann steht offensichtlich gedankenversunken auf dem Bürgersteig. Vermutlich hat er die Orientierung verloren. Beschließe, ihm zu helfen, indem ich ihn mit einer wichtigen, typisch berlinerischen Information versorge. Eine, die zu wissen niemals schaden kann. Sage:

«Hier jibt et nüscht zu kiekn.»

Er erschrickt.

«Oh, ich gucke auch gar nicht. Ich war nur in Gedanken.»

«Natürlich. Und dit is ooch purer Zufall, dass Sie dit ausgerechnet vor diesem Haus sind.»

«Ja, tatsächlich.»

«Aber sicher. Weil Sie ja ooch überhaupt jar nich wissen, wat hier passiert ist.»

«Nein, ich stehe wirklich nur ganz zufällig hier.»

«Aber selbstverständlich. Looogisch. Und ick bin denn ja wohl die Zuckerpuppe vonne Bauchtanzgruppe.»

«Sie sind in einer Bauchtanzgruppe?»

«Quasi. Die andern machen Tanz. Ick bin der Bauch.»

«Was ist denn hier passiert?»

«Wat'n, wat'n, wat'n? Fragt dit womöglich nu ausgerechnet der Mann, der sich doch eijentlich jar nich für dit Haus interessiert?»

«Nein, es ist nur, weil Sie hier so …»

«Ick sage nüscht. Jaaar nüscht!»

«Was?»

«Nüschte. Ick bin so leise wie ein Elternabend bei der Wahl der Elternvertreter. Verstehnse?»

«Ich bin mir nicht sicher.»

«Ick will damit sagen, dass ick nüscht sage. Völlige Stille meinerseits. Verglichen mit mir ist ein Bibliothekslesesaal ein Heavy-Metal-Konzert.»

«Das ist ein Missverständnis. Ich weiß ja nicht mal, was die Frage sein könnte, die Sie mir dann nicht beantworten.»

«Ach Fragen, wat? Guck ma eener kiek, nu sieht man plötzlich, wie die Nase läuft. Sindse vonne Presse?»

«Nein, und ich will auch gar nichts fragen.»

«Keen Problem. Sie können ruhig fragen. Aber sagen tut uff Fragen, die Sie fragen, eben keiner wat. Könnse hier alle fragen. Wie Se lustig sind. Aber sagen uff Ihre Fragen tut keiner wagen. Schlagense sich's aus'm Kopf oder Magen, weil sagen tun uff Fragen ooch die Blagen nüscht.»

«Wer?»

«Keiner! Verstehnse? Ick kann's Ihnen ooch noch mal buchstabieren: N-I-E-M-A-N-D, keiner!»

«Ist ja schon gut.»

«Höchstens könnten wa sagen, dat wa nüscht sagen, wennse fragen, könnten wa eventuell sagen. Aber dat wissense jetzt nich von mir ...»

«Verstehe. Aber jetzt vielleicht nur mal für den Fall. Also, damit ich mich nicht versehentlich verplappere. Was genau weiß ich denn jetzt nicht von Ihnen?»

«Wat?»

«Na, was genau haben Sie mir denn jetzt nicht gesagt? Also nur, damit ich auch weiß, was ich nicht weiß, falls mal einer fragt, was ich weiß ...»

«Ach kiekema hier! Er nu wieder. Kommt mir jetzt mit clever um die Ecke. Will mich hier in den Pudding tricksen, wa? Meint, er könnte mir den Kaffee verdünnen, wa?

Glaubt, ick nehm drei Stück vegane Wurst in den Tee, wa? Hält mich für einen, der seine Unterhose falsch rum trägt. Dem du 'ne Innenstadtwohnung in Spandau verkoofen kannst. Pass ma uff, hier is' gleich Fahrscheinkontrolle. Und zwar so lange, biste denkst, die U-Bahn hält in Lankwitz. Hehe!»

«Was reden Sie denn da?»

«Wie man in den Wald hineinruft, ist doch dem Wald ejal. Der steht schwarz und schweiget. Denn wat juckt et den Bären, wenn die Flöhe pupsen. Noch so 'n Spruch, und dein Brett vorm Kopf hat Holzauktion. Im Grunewald.»

«Was? Aber ich hab doch gar nichts gemacht.»

«Na, dit sind die Richtigen. Die, die nämlich janüscht jemacht haben. Vermieten dir 'ne Dachterrasse zur Souterrainwohnung. Aber denn wollense nüscht jemacht haben, die Herrschaften.»

«Was ist denn eine Dachterrasse zur Souterrainwohnung?»

«Der Bürgersteig, Sie Kanaille!»

«Hören Sie, ich steh wirklich nur ganz zufällig hier. Ich wollte weder für Geld noch gute Worte, noch irgendwie sonst ...»

«Wat?»

«Ach, ist auch egal.»

«Neeneeneeneeneenee. Wat war dit jetzt mit Geld? Wolltense mir etwa jerade bestechen?»

«Was? Nein! Natürlich nicht.»

«Na, na, na, na, na. Jetzt steht die Kuh aber uff dünnem Eis. In Badesachen. Bei Bestechung hört hier der Spaß uff.»

«Bitte? Ich wollte Sie ganz sicher nicht bestechen.»

«Dit will ick Ihnen ooch jeraten haben. Hätte sowieso nüscht jebracht. Ick bin nämlich komplett unbestechlich.»

«Ja?»

«Ja. So unbestechlich wie 'ne Jewitterwolke über einer Picknickwiese.»

«Sagt man das so?»

«Ick sag nüscht. Nich für Gold, Juwelen, Schmuck, teure Autos, Reisen oder jute Worte. Nüscht.»

«Schon gut. Ich hab's verstanden.»

«Höchstens ...»

«Ja?»

«Na ja, ehrlich gesagt, eine Sache gäbe es da schon, für die ick mir eventuell vorstellen könnte, mein Schweigen zu brechen.»

«Nämlich?»

«Na ja, dit klingt jetzt ein bisschen komisch, aber nur weilse mir sympathisch sind und es ohnehin schon anjesprochen haben.»

«Ja?»

«Geld.»

«Geld?»

«Ja, aber natürlich nich als Bestechung, weil ick bin ja unbestechlich. Es wäre mehr so eine Art Aufwandsentschädigung für Auskunftsdienste. Denn Sie haben ja Auskunft von mir bekommen.»

«Das stimmt allerdings. Sehr viel sogar.»

«Und dit ginge ja auch komplett legal, mit einer Berliner Überweisung.»

«Was ist denn eine Berliner Überweisung?»

«Na, Sie verlieren hier auf dem Bürgersteig unbemerkt, sagen wir mal, zehn Euro. Und ick laufe kurz hinter Ihnen und finde die janz zufällig. Ihr Verlust hat mit meinem Finden quasi nüscht zu tun. Keiner weiß vom anderen von nüscht, und weil man nüscht weiß, kann man sich natürlich ooch nie nich an nüscht erinnern. Aber wenn ick die zehn Euro finde, dann rufe ick automatisch und unabsichtlich: Oh, zehn Euro, und dit jenau vor dem Haus, wo … und dann sage ick dit, was da passiert ist, und Sie erfahren et janz zufällig. Ohne eijenet Zutun. Einfach nur so, weil Sie jerade in der Nähe stehen. Aber grundsätzlich sind wir uns natürlich nie bejegnet. Und Geld ist zwischen uns schon mal jar nich jeflossen. Nur irjendwer hat irjendwat verloren und irjendein anderer hat wat jefunden. Völlig unabhängig. Dit eine hat mit dem anderen nüscht zu tun. Eine Berliner Überweisung eben. Gilt übrigens als sehr viel sicherer als dit mTan-Verfahren mit dem Handy. Da hört man ja viel Beunruhigendes.»

«Und das ist legal?»

«Die halbe Weltwirtschaft funktioniert so.»

«Finden Sie das richtig?»

«Na ja, immer noch besser, als wenn die Leute korrupt wären.»

Und so waren wir beide doch zufrieden. Also bis zu dem Moment, wo ich zufällig die zehn Euro fand und ausrief: «Oh, zehn Euro! Ausgerechnet vor dem Haus, wo ick ooch schon gestern zufällig zehn Euro jefunden habe.»

Mit diesem Geheimnis war der Passant dann doch irgendwie unzufrieden. Aber hier gilt natürlich der Satz, der für alle Berliner Überweisungen, aber auch beispielsweise für gefälschte Dissertationen gilt: Wer einen Betrüger beauftragt, einen Betrug durchzuführen, muss damit rechnen, selbst betrogen zu werden.

Burka-Party

Sitze unter einem dunkelblauen Bettlaken im Badezimmer meines Freundes Günter. Mit mir im Raum sind noch sechs weitere Männer, jeder blickdicht eingehüllt in schwarzer oder brauner Bettwäsche. Diese Laken und Bezüge sollen eigentlich Burkas sein. Party-Burkas, denn Günter hatte die grandiose Idee, eine Burka-Party zu veranstalten. Jeder muss mit verstellter Stimme reden, damit man ihn unter der Komplettverschleierung nicht erkennt. Rund jede halbe Stunde aber werden alle Bettlaken noch mal in eine große Trommel gesteckt, ordentlich durchgemischt und unter den Partygästen verteilt. Sodass irgendwann wirklich niemand mehr weiß, wer jetzt unter welcher Burka steckt. Dadurch, so Günter, ergebe sich eine Atmosphäre der Anonymität bei größter Intimität. Dies ermögliche es jedem, auch mal sehr persönliche, geheime Dinge mit anderen zu teilen.

Es sitzen nun also sieben Männer jenseits der vierzig unter Burkas in Günters riesigem Badezimmer. Dass seine an sich kleine Wohnung ein so gewaltiges Bad hat, liegt daran, dass sie eigentlich Teil einer sehr viel größeren Wohnung ist. Die wurde luxussaniert und natürlich mit einem zweiten Bad ausgestattet. Allerdings geriet das Käuferpaar dann in finanzielle Schwierigkeiten, die wohl auch zur Trennung führten. Also nutzte die in der Wohnung verbliebene Frau den zweiten Eingang, trennte ein kleines Zimmer und das zweite Bad mittels einer dünnen Wand ab und vermietete dies als Einzimmerapartment an Günter. Der Schnitt der Wohnung ließ es nicht zu, Günter das angemessene kleine Bad zuzuteilen, sondern nur das riesige repräsentative Luxusbad. Also bewohnt Günter nun eine wahrlich skurrile Wohnung, die aus einem mickrigen, gerade mal acht Quadratmeter umfassenden Zimmerchen und einem gigantischen, knapp vierzig Quadratmeter großen Badezimmerpalast besteht. Dort hat er auch seine Küche. Verfügt also über den ungewöhnlichen Luxus eines Badezimmers mit Herd, Kühlschrank und Spülmaschine. Zudem gibt es noch eine Kunstledersitzecke, die harmonisch in die opulente Badewanne übergeht, in der wir jetzt zum Teil sitzen. Das ist gewöhnungsbedürftig. Auch darüber hinaus hat so ein Wohnzimmerbad viele Besonderheiten, die man zunächst gar nicht vermuten würde. Beispielsweise die Toilettengänge betreffend. Anderswo wird jemand, der aufs Klo muss, für gewöhnlich aus der Runde verschwinden, um das Badezimmer aufzusuchen. Hier jedoch ist er gezwungen, alle anderen zu bitten, doch mal kurz den Raum zu verlassen. Das sorgt für Unruhe. Normalerweise. Denn jetzt mit den Burkas ist das natürlich kein Ding, die decken ja problemlos alles, selbst die Schüssel, mit ab. Fast wie ein Toilettenzelt, das man praktisch immer bei sich trägt. Wodurch man, ohne das Gespräch zu verlassen, unbemerkt erledigen kann, was zu erledigen ist. Das meint Günter wohl auch mit Anonymität und Intimität zugleich.

In erster Linie geht es aber natürlich um die Geheimnisse, die wir uns hier im Schutze der Burkas anzuvertrauen wagen. So erzählt einer, wie er kürzlich, als er die Tiraden des aggressiven Selbstmitleids vorgeblich besorgter Bürger im Autoradio nicht mehr ausgehalten habe, mit quietschenden Reifen auf einen Baumarktparkplatz gefahren sei und dort quasi im Affekt einen Vorschlaghammer gekauft habe.

In der Schlange an der Kasse aber sei seine Wut genauso plötzlich, wie sie über ihn gekommen war, auch wieder verflogen. Er habe dann noch eine Packung Gummibärchen gekauft. Als Erinnerung und Mahnung jedoch ließ er sich, da kein Tattoo-Studio in der Nähe war, beim benachbarten Schlüsseldienst den Schriftzug «Das Ende der Nachdenklichkeit» in den Hammer gravieren. Seitdem stehe das Werkzeug als Versprechen, Drohung und Trost zugleich vor seinem Schreibtisch und gebe ihm in Momenten großer Verzweiflung ein wohliges Gefühl der Hoffnung. Einer jederzeit möglichen Notlösung quasi. Ja, es klinge verrückt, aber selbst sein ewig störrischer Drucker funktioniere, seit dieser Vorschlaghammer neben ihm stehe, zuverlässig wie eine eins.

Ein anderer berichtet, er habe sich ein reguläres Rechte-Gesinnungs-Outfit zugelegt: Springerstiefel, Militärhose, Thor-Steinar-Bomberjacke und so weiter. Das ziehe er nun immer an, wenn er besonders stark erkältet sei oder sich einen wirklich widerlichen Virus eingefangen habe. Dann besuche er einschlägige rechte Szenekneipen, um dort so vielen Rechtsradikalen wie möglich ins Bier zu husten oder sie beim Sprechen anzuspeicheln. Wenn er sonst nichts gegen den wachsenden rechten Dumpfsinn und deren Gewalt tun könne, wolle er doch, so wörtlich, «zumindest dafür sorgen, dass die wenigstens für ein paar Tage mal ordentlich die Scheißerei kriegen». Zudem verschaffe ihm dieses Rechtsradikalenoutfit auch die Möglichkeit, sich in der Öffentlichkeit einfach mal richtig mies und eklig zu verhalten, da ja alles Unschöne, was er in dieser Kleidung täte, sozusagen auf die Richtigen zurückfalle. Dass er, seit er dieses «Hobby» habe, häufig gezielt versuche, sich eine

Erkältung oder einen Virus einzufangen, gebe ihm zu denken. In Wartezimmern von Arztpraxen hasche er sogar nach besonders unangenehmen, möglichst ansteckenden Varianten.

Wir erzählen uns diese Geschichten in einer Offenheit, die wohl nicht zuletzt auch der Geborgenheit der Burkas zu verdanken ist. Auf die Idee war Günter gekommen, als ihm eine Freundin erzählt hatte, sie habe schon seit längerem großen Spaß daran, in eine Vollburka gekleidet, mit einer Flasche Champagner in der Hand durch die Stadt zu ziehen und offensiv fremde Männer anzuflirten. Laut dieser Freundin seien die Reaktionen der meist stark verunsicherten, aber doch offenkundig faszinierten und so gut wie immer interessierten Männer einfach anrührend, und beim Nachdenken könne man ihnen praktisch zugucken. Was extrem süß sei. Ihr selbst gebe die Burka beim Flirten ein Gefühl der Sicherheit.

Vielleicht ist das der richtige Weg. Statt eines Verbotes oder ständiger Kritik an Burkas, lieber mal schauen, wo man sie überall sinnvoll einsetzen kann. So wie andere sagen: «Man darf das Nationalgefühl nicht den Rechten überlassen», würde ich auch sagen: «Man darf die Absonderlichkeiten und das Obskure nicht den Religionen überlassen.» Einige davon können in dieser schwierigen Zeit auch für den modernen Menschen durchaus hilfreich sein.

Der Hund Heidi

Martin hat sich einen neuen Hund besorgt. Einen wirklich riesigen Hund. Einen Mischling. Mischling aus welchen beiden Rassen, weiß ich allerdings nicht genau. Vom Aussehen her würde ich sagen, wahrscheinlich Bär und Pferd. Vermutlich hat sich die Natur etwas gedacht in der Richtung von: «Wenn sich Bär und Pferd schon paaren müssen, dann ist als Frucht ihrer Liebe ein Hund doch irgendwie ein guter Kompromiss.»

Und da so ein Mischwesen zwischen Pferd und Bär in freier Wildbahn womöglich seltsam wirken würde, ist der sinnvollste Lebensraum für das Tier natürlich eine Anderthalb-Zimmer-Wohnung im vierten Stock eines Miethauses in Berlin-Friedrichshain.

Denn in Friedrichshain stellt niemand Fragen. Egal, wie groß und haarig man ist.

«Der ist aus dem Tierheim!», strahlt Martin. «Den Vorbesitzern ist der einfach zu groß geworden. Der hört ja nun auch tatsächlich gar nicht mehr auf zu wachsen. Das hat denen wohl irgendwie Angst gemacht.»

Ich nicke.

«Warum nur? Die Leute sind aber auch oft komisch, was?»

«Ja, genau! Dabei kann Heidi Klum doch nichts dafür.»

«Wer kann nichts dafür?»

«Na, Heidi Klum.»

«Moment. Dieser riesengroße, dicke, schwarze, haarige Hund heißt Heidi Klum?»

«Na ja, der Hund ist eine Sie, und die Kinder, mit denen sie aufgewachsen ist, waren große Germany's-Next-Top-Model-Fans. Die wussten ja nicht, wie riesengroß dieser Hund wird und … na ja.»

Nicke erneut. «Ich denke mal, ‹na ja› fasst es ziemlich gut zusammen. Sag mal, frisst dir Heidi Klum denn nicht die Haare vom Kopf?»

«Nee, das ist nicht das Problem. Heidi Klum frisst ja nu wirklich alles. Also so richtig alles. Das ist der ganz egal. Und in Berlin wird so viel weggeworfen … Neenee, ihr Essen krieg ich locker organisiert … Das Problem ist eher das Gegenteil.»

«Ist das Gegenteil das, was ich denke, was das Gegenteil ist?»

«Ja eben, also das Gassigehen. Heidi Klum ist nicht sehr gut erzogen, aber unglaublich stark. Allein kann ich die nicht halten.»

«Du musst also immer noch jemand Zweites fragen, ob der sich mit dir an die Hundeleine hängt?»

«Deshalb habe ich dich angerufen. Es sollte nämlich idealerweise jemand möglichst Kräftiges, Schweres sein. Aber wir hätten jeder unsere eigene Leine. Genau genommen ist das auch mehr so eine Art Zaumzeug.»

Kurz darauf brechen wir auf. Ich bin zusätzlich beunruhigt, als mir Martin noch eine große blaue IKEA-Tüte in die Hand drückt.

«Das heißt hoffentlich, dass wir auch noch zu IKEA gehen?»

«Leider nein. Bei Heidi Klum kommen wir mit den normalen Doggy-Beuteln nicht so weit. Außerdem brauchen wir auch noch das große Kehrblech, weil …»

«Schon gut. Schon gut. Ich will es gar nicht so genau wissen. Vorfreude ist die schönste Freude.»

Martin kontrolliert noch mal seine Taschen.

«Schlüssel, Portemonnaie, Telef... ah verdammt. Das kann hier überall in der Wohnung rumliegen. Kannst du mich einfach kurz anrufen?»

«Klar.»

Wähle Martins Nummer. Es dauert einen Moment, dann hören wir seinen Klingelton. Es ist «Get Lucky», der Hit des vorletzten Sommers. Es vergeht ein weiterer Moment, dann haben wir sein Handy lokalisiert. Und nach einem dritten kurzen Moment wird uns beiden klar, dass Heidi Klum nun aber echt wirklich alles frisst.

Man sollte es nicht für möglich halten, wie freundlich, zufrieden und doch auch unbeteiligt ein Hund gucken kann, während es aus seinem Inneren singt: «Didididididiii, dididididiii, didididiii, get lucky!»

Nach ein paar Sekunden der Schockstarre gelingt es Martin, dem Großmeister der phlegmatischen Zen-Simulation, sich selbst wieder zu beruhigen.

«Hm, so ein iPhone hat ja nu keine scharfen Kanten. Da wird ihr schon nichts passieren. Denk ich mal. Wahrscheinlich wird sie das demnächst einfach ...»

«Wahrscheinlich!» Mit einer entschiedenen Geste halte ich Martin davon ab, das Offensichtliche auszusprechen. «Es wird mir eine Ehre sein, bei diesem besonderen Moment dabei zu sein.»

Unten auf dem Bürgersteig hat sich fast schon wieder alles normalisiert. Also so normal, wie es eben sein kann, wenn zwei ausgewachsene Männer von einem Hund, in etwa von der Größe einer mittleren Bushaltestelle, an zwei

Leinen durch die Stadt geschleift werden. Immerhin wartet Heidi Klum tatsächlich an den Ampeln. An der Kreuzung Kopernikusstraße bekommt sie einen Anruf.

«Dididididiii, get lucky!»

Die Frau neben uns schaut irritiert.

«Aus Ihrem Hund kommt Musik.»

Ich sage nichts. Denke aber: Gott sei Dank hat Martin kein Babyschreien oder so als Klingelton.

Das Tier windet sich, als würde es aufstoßen. Wahrscheinlich ist sein Magen durch die Vibration beunruhigt. Durch seine Zuckungen hat es wohl irgendwie den Anruf angenommen. Die Qualität der modernen Smartphones ist wirklich bemerkenswert. Es ist erstaunlich, wie gut wir die Stimme der Anruferin verstehen können.

«Hallo? Hallo? Hallo, Herr Keller? Hätten Sie fünf Minuten Zeit für eine kleine Umfrage? Hallo?»

Die Frau an der Ampel verzieht keine Miene, sagt:

«Jetzt ist da eine Umfrage in Ihrem Hund.»

Martin zuckt die Schultern.

«Ich weiß, deshalb sind wir ja auch auf dem Weg zum Tierarzt.»

«Was? Warum denn?»

«Wir wissen die Antworten nicht.»

Die Frau schaut hilfesuchend zu mir. In diesem Moment ertönen aus meiner Hosentasche meine Schmerzensschreie von der CD der Rückenärztin. Da entschließt sie sich nun doch, einfach zügig weiterzugehen.

Einige Zeit später im Park kommt das Telefon tatsächlich mit Wucht wieder zum Vorschein. Direkt nachdem es ausgeschieden wurde, klingelt es wieder. Es sieht seltsam aus, wenn ein dampfender Hundehaufen «Dididididiii, didididididiii, get lucky!» singt. Martin hätte es gern gefilmt, aber ging ja nicht, weil – ist ja auch egal. Dafür hat das Telefon bei der ganzen Aktion wohl immer mal wieder von selbst Bilder gemacht. Aus dem Inneren des Tieres. So was wie eine Darmspiegelung mit dem Handy, was Martin später ausrufen lässt: «Toll, Heidi hat heute ein Foto für mich!»

Wie dem auch sei. Der Grund, warum ich diese Geschichte überhaupt erzähle, ist eigentlich ein wohlgemeinter Verbrauchertipp. Denn obwohl mittlerweile alles wieder gereinigt ist und tadellos funktioniert, fühlt sich Martin nun doch irgendwie von seinem Telefon entfremdet. Falls also jemand in Kürze über eBay ein erstaunlich günstiges iPhone von einem Berliner Verkäufer ersteigert: Ich würde mir dazu unbedingt eine Freisprechanlage besorgen.

Leseprobe

Horst Evers
Der König von Berlin

Rowohlt · Berlin   Erschienen im September 2012

Der Hauptgewinn! Der junge und ehrgeizige Kommissar Lanner aus dem niedersächsischen Cloppenburg wird tatsächlich nach Berlin versetzt. Allerdings erwarten ihn dort Kollegen, die ihn als «Dorfsheriff» schikanieren, eine Bevölkerung ohne den geringsten Respekt und eine Stadt, die ihn mit ihrer anregenden Mischung aus Minderwertigkeitskomplex und Größenwahn in immer neue Bredouillen bringt. Dazu die Leiche eines Mannes, der vor Monaten im Garten seines Mietshauses vergraben wurde, den niemand kannte, in dessen Wohnung man jedoch Unmengen von Bargeld findet. Obendrein ereilt den Chef der größten Schädlingsbekämpfungsfirma ein mysteriöser Tod, und kurz darauf wird Berlin von einer gewaltigen Rattenplage bedroht …
Die sich dramatisch entwickelnden Fälle überfordern Lanner bald noch mehr als die Stadt. Zum einzigen Verbündeten wird ausgerechnet ein alter Mitschüler und Feind aus Cloppenburg, der schon vor langer Zeit in Berlin gestrandet ist und als Aushilfskammerjäger arbeitet. Die beiden machen sich an die Enträtselung eines Geheimnisses, das sie sehr viel tiefer in die Abgründe und den Organismus Berlins führt, als sie sich das eigentlich gewünscht hätten.
Der neue Horst Evers – umwerfend komisch, unglaublich spannend und undurchschaubar wie das Leben selbst.

Weitere Informationen finden Sie unter www.rowohlt.de
Copyright © 2014 by Rowohlt Verlag GmbH, Reinbek bei Hamburg

Die Leiche lag mitten im Sandkasten.

Kein Wunder, dass die Frau am Telefon so laut gewesen war. Lucy, ihre fünfjährige Tochter, war wohl nach dem Frühstück zum Spielen in den Hof, hatte die Schutzplane vom Sandkasten gezogen und den leblosen Körper entdeckt. Andere Kinder hätten die Leiche womöglich zuerst erforscht, sich die Augen angeschaut, gefühlt, wie kalt und schwer sie ist, ob hart oder weich. Aber so war Lucy nicht. Lucy war eher eines dieser «Ich-laufe-am-besten-mal-rot-an-und-schreie-dann-so-laut-ich-kann»-Kinder. Und Lucy konnte sehr laut schreien. Auch schrill und hoch. Gerade noch so in den Grenzen des menschlichen Wahrnehmungsvermögens. Lucy wusste, wie gut sie schreien konnte. Es strengte sie nicht an, es machte ihr Freude, gab ihr das Gefühl, etwas Besonderes zu sein. Das ist natürlich ein kostbares Gut bei einem Kind. Einmal, im Flugzeug, war es ihr sogar gelungen, so lange und eindrucksvoll zu schreien, bis sie zur Belohnung den Piloten im Cockpit besuchen durfte. Daher war die Frau so laut gewesen, wenngleich sie routiniert im Übertönen ihres Kindes schien, wie manche Bauarbeiter, die auch die Fähigkeit entwickelt haben, in unmittelbarer Nähe des Pressluthammers zu telefonieren.

Toni Karhan tippte mit dem Fuß gegen die Leiche. Der mittelgroße, schwarzhaarige, schlanke, aber kräftige Mann

Leseprobe

im unauffällig-eleganten Anzug wusste, was er tat. Er war einer der Besten, vielleicht sogar der Allerbeste in seinem Fach. Er hatte noch beim Alten gelernt. Beim großen Alten. Der hatte ihm alle Tricks beigebracht. Alle Tricks, doch nicht alles, was er wusste.

Toni konnte mit seiner Fußspitze mehr über eine Leiche erfahren als andere mit einem ganzen Labor. Er trat noch mal leicht gegen den leblosen Körper. «Ist seit höchstens vierundzwanzig Stunden tot. Vergiftet.»

Frau Kreutzer, Lucys Mutter, lachte verächtlich: «Na, ganz toll. Vergiftet. Das hätte ich mir vielleicht auch noch gerade so zusammenreimen können. Glückwunsch!»

Georg Wolters nahm Toni zur Seite. «Vierundzwanzig Stunden? Bist du dir da wirklich sicher? Ich meine, die sieht doch schon ziemlich aufgedunsen und fertig aus.»

«Ganz sicher.»

«Also, ich hätte gedacht, die liegt länger. Und das kriegst du raus, indem du nur einmal kurz mit dem Fuß dagegentippst? Wahnsinn.»

Toni schaute ihn ausdruckslos an. «Gewicht, Geräusch, Konsistenz. Das alles sagt viel über Todesursache und Todeszeitpunkt. Aber ganz sicher, dass sie hier nicht länger liegt als einen Tag, ich bin, weil ich habe gefragt Kind, wann es zuletzt hat gespielt in Sandkasten.» Die Einweghandschuhe schnalzten, als Toni sie gegen ihren ausdrücklichen Widerstand über seine Hände zubbelte. Dann holte er einen Schraubenzieher aus der Tasche, beugte sich hinunter und untersuchte das Gebiss.

Georg war unzufrieden. «Aber warum ist das Biest denn schon so verrottet nach höchstens vierundzwanzig Stunden?»

Toni strich vorsichtig über das Fell. «War schlimmes Gift. Nicht gut.»

Toni war in sein eigentliches, binäres Sprachsystem zurückgekehrt. Im Prinzip konnte er damit alles bewältigen, was an notwendiger Meinungsäußerung anfiel. Was für einen Computer die 1 und die 0 war, war für Toni «gut» und «nicht gut». Wobei er einen großen, einen gewaltigen Vorteil gegenüber Computern besaß. Er hatte noch eine dritte Option: die vielgenutzte Möglichkeit des «ist egal». Sie schenkte ihm ungeheure Freiheit. Wahrscheinlich ist es genau diese Freiheit, sich nicht permanent zwischen 1 und 0 entscheiden zu müssen, sondern Dinge egal finden zu können, die den Unterschied zwischen Mensch und Maschine, vielleicht sogar das Wunder des Lebens selbst ausmacht.

Ansonsten war Tonis spärliches Ausreizen seiner sprachlichen Möglichkeiten einem pragmatischen Beschluss geschuldet. Eigentlich war sein Deutsch exzellent. In seiner Familie und seiner Heimatstadt Breslau war häufig Deutsch gesprochen worden. Als er vor zehn Jahren zum Studium nach Berlin kam, perfektionierte er es, indem er zahllose Bücher las. Während das Lesen ihm bis heute große Freude bereitet, konnte er sich für das Sprechen nie so richtig begeistern. Im Gegenteil, sein aus Romanen und Dramen erworbener Wortschatz und Satzbau haben die Menschen in Berlin immer mehr irritiert, als dass sie ihm Vorteile verschafft hätten. Als er dann sein Talent als Kammerjäger entdeckte, wurde ihm schnell klar, wie außerordentlich dienlich es seinem Status und seinen Karrierechancen war, als geheimnisvolles osteuropäisches Ungezieferbekämpfungsgenie mit apartem Akzent und karger Syntax aufzutreten. Ein unsicherer Ex-Student, der sich mit perfektem Deutsch und gewählter Ausdrucksweise anzubiedern versuchte, hätte davon nur träumen können. Er sprach nur das Allernötigste, unbeholfen und gebrochen, zugleich aber würdevoll und mysteriös. Georg bewunderte seinen polnischen Kammerjägerlehrmeister dafür, wie er nach Belieben zwischen den Sprachcodes hin- und herzuschalten vermochte. Wenn sie zu zweit im Wagen oder im Büro saßen, redete Toni normal und fließend. Nur im Kundengespräch nutzte er seine osteuropäische Kunstsprache mitsamt dem binären Gut-Nichtgut-System, ergänzt durch das raffinierte «Ist egal».

Lucys Mutter hatte sich mittlerweile wieder gefangen. Weniger wütend war sie deshalb aber noch lange nicht. Nachdem sie ihre Tochter hoch in die Wohnung geschickt hatte, fuhr sie Toni an: «Die Ratte ist vergiftet worden? Was wollen Sie eigentlich damit sagen? Heißt das, irgendjemand hat in unserem Innenhof einfach mal Gift ausgelegt?»

Georg versuchte, sie zu beruhigen. «Das muss nicht hier im Hof gewesen sein. Das kann auch von einem Hof zwei, drei, vier, fünf Häuser weiter kommen. Wahrscheinlich haben die Ratten ein unterirdisches Tunnelsystem angelegt, das mehrere Höfe miteinander verbindet.»

«Unterirdisches Tunnelsystem? Na großartig! Und was macht das für einen Unterschied? Hier spielen überall Kinder. In allen Höfen! Da kann man doch nicht einfach ein paar Kilo Gift verteilen! Hallo? Geht's noch?»

Die Frau hatte sich jetzt ordentlich in Rage geredet. Georg hätte ihr gern gesagt, wie unerhört attraktiv er sie in ihrer Wut fand. Die aufgerissenen Augen, die Zornesröte, dazu die roten gelockten Haare, der zierliche, aber vor Energie nur so strotzende Körper, das gefiel ihm schon sehr. Dennoch entschied er sich für eine professionelle Antwort. «Die Leute sind verunsichert. Die vielen Ratten in diesem Jahr, an allen Ecken kommen sie an die Oberfläche. Da bleibt es nicht aus, dass der ein oder andere in Panik gerät und unüberlegte, dumme Sachen macht.»

«Ja, aber das kann es ja wohl nicht sein: in der ganzen Stadt Gift auszukippen!»

Nun mischte sich auch Toni ein. «Natürlich nicht. Wenn hier jeder Amateur verstreut Gift, wie und wo er will, ist nicht gut.»

Lucys Mutter riss theatralisch die Hände in die Luft und ließ sie dann auf ihre Oberschenkel klatschen. Zu Georgs Freude schienen nun auch ihre Ohren vor Wut zu glühen.

«Natürlich», sie blies Toni die Worte ins Gesicht, «natürlich ist das nicht gut für Sie, wenn hier Amateure Gift streuen! Schließlich wollen Sie das ja tun! Sie, die Profis! Und sich das teuer bezahlen lassen!»

Toni schaute sie ernst an. «Wir tun, was wir tun müssen. Seriös. Professionell. Verantwortungsbewusst. Steht so auch auf Homepage: www.die-anderen-haustiere.de. Bezahlen muss sowieso Hausverwaltung. Dürfen die gar nicht ablehnen. Aber wenn Sie nicht wollen Gift, wir können die Ratten auch bekämpfen biologisch, ganz natürlich, ist gut.»

«Was?» Man konnte die Verblüffung seiner Kontrahentin nicht überhören. Damit hatte Toni sie offensichtlich aus dem Tritt gebracht. «Ganz natürlich? Ich meine, biologisch? Das können Sie wirklich? Ohne Gift?»

«Ja, ist zwar etwas teurer, aber ist möglich. Ganz biologisch, ohne Gift. Ist egal.»

«Ach so», die Stimme von Lucys Mutter beruhigte sich, die Gesichtsmuskeln steuerten fast schon auf ein Lächeln zu, «entschuldigen Sie, das wusste ich nicht. Und das funktioniert bestimmt? Also, die Ratten werden sicher verschwinden?»

«Garantiert. Ist gut, bisschen teurer, aber gut.»

«Ach, ich denke, das wird die Verwaltung schon zahlen, bei den ganzen Kindern hier. Das müssen die doch auch einsehen. Wie genau funktioniert diese biologische Bekämpfung denn?»

Tonis Miene wurde noch ernster. «Mit Schlangen.»

«Was?»

«Schlangen. Wir setzen hier fünfzehn bis zwanzig Schlangen aus, die fressen Ratten. Dann ist gut.»

«Ach. Und was wird dann mit den Schlangen?»

«Krokodile. Beste biologische Bekämpfung von Schlangen sind Krokodile, aber dafür müssten wir dann hier in den Hinterhöfen anlegen Sumpf. Würde vermutlich teuer. Muss man sehen, was sagt Hausverwaltung. Ist egal.»

Mit Freude registrierte Georg, wie die Zornesröte ins Gesicht von Lucys Mutter zurückkehrte. Eigentlich hatte er diese Aushilfsstelle als Kammerjäger ja angenommen, weil ihm vor Jahren mal irgendjemand erzählt hatte, was für gute Karten Kammerjäger bei Frauen hätten. Die Frauen seien aufgewühlt wegen der Gefahr durch Ratten, Insekten oder sonstiges Ungeziefer, und der Kammerjäger erschiene ihnen wie eine Art Held oder Retter. Die Mischung aus emotionaler Ausnahmesituation, Dankbarkeit und Bewunderung gäbe den Frauen nicht selten etwas Flatterhaftes, sodass für einen erfahrenen Kammerjäger, Interesse vorausgesetzt, alles Weitere also mehr oder weniger Routine sei ... Lauter so Zeug war in seinem Kopf gewesen, aber die bisherigen sechs Monate in diesem Beruf hatten Georg dann doch gelehrt, dass die erotische Anziehungskraft von Kammerjägern wohl nicht mehr als ein moderner oder uralter Mythos war.

Der Beruf des Kammerjägers schien ohnehin voller Mythen und Geheimnisse zu stecken. Max, einer der beiden Söhne des Alten, hatte ihn in diese Geheimnisse eingeführt. Georg hatte nicht schlecht gestaunt, als ihm der Juniorchef höchstpersönlich mitteilte, sie würden jetzt als Erstes losziehen und vernünftige Arbeitskleidung besorgen. Denn das sei mit das Wichtigste. Noch mehr wunderte er sich, als sie dann nicht zu irgendeinem Kammerjägerausstattungs-Spezialgeschäft fuhren oder wenigstens zu John Glet, der ersten Adresse für Arbeitskleidung in Berlin, sondern zu Peek & Cloppenburg am Tauentzien, um ihm dort drei elegante, aber unauffällige Anzüge in Dunkelgrau, Hellgrau und Blaugrau zu kaufen. Dazu eine Reihe Businesshemden, die man im Sommer ruhig einmal ohne Jackett tragen konnte. An diesem Tag lernte Georg, dass die wichtigste Eigenschaft eines Kammerjägers Unauffälligkeit ist. Niemand möchte, dass alle Nachbarn es mitbekommen, wenn ein Kammerjägerfahrzeug vor der Tür steht. Daher waren sämtliche Dienstfahrzeuge auch unauffällige Mittelklassewagen ohne jeden Hinweis auf die Firma.

«Gut zehn Millionen Ratten gibt es im Großraum Berlin», hatte der Juniorchef ihm erklärt. «Dazu noch jede Menge andere Nager, die zum Teil mit den Wanderratten, der einzigen echten Rattenart, die in der Stadt vorkommt, verwechselt werden. Wegen Insekten, Ungeziefer oder Schädlingen werden wir natürlich auch gerufen. Ein gigantischer Markt, auf dem sich mehr als sechzig Firmen tummeln, die tagtäglich rund um die Uhr im Einsatz sind. Ist Ihnen schon mal aufgefallen, dass Sie trotzdem niemals ein Kammerjägerfahrzeug in der Stadt sehen? Alles andere – Feuerwehr, Krankenwagen, Klempner, Elektriker, Baufirmen – sieht man. Aber Kammerjäger nie. Und warum? Weil sie unsichtbar bleiben wollen. Niemand möchte sie vor dem Haus stehen haben. Deshalb darf nichts, weder das Fahrzeug noch die Kleidung, noch die Ausrüstung, den Kammerjäger verraten. Manchmal, wenn in amerikanischen Filmen Kammerjäger, oft Ex-Militärs mit sadistischer Lust am Töten, Geländefahrzeuge mit großen Leuchtkakerlaken obendrauf haben oder Kanister voller Gift, das sie mit Pump-Guns versprühen, könnte ich mich bekleckern vor Lachen. Nichts könnte weiter weg von der Wirklichkeit sein. Mein Vater», hatte der Juniorchef seine Einführung damals beendet, «mein Vater sagte immer: Ein guter Kammerjäger kommt immer wie ein Pornoheft, also im neutralen Schutzumschlag.» Dann hatte er gelacht, bevor er Georg noch zweifelhafte Komplimente machte. Georg sei perfekt geeignet für den Kammerjägerberuf, weil er schon von Natur aus so unauffällig sei, mittelgroß, mittelschwer, mittelalt, mittelsportlich, das Haar mittelblond und mittelschütter.

Toni, der mit Georgs fachlicher Ausbildung beauftragt wurde, erzählte ihm später, dass der Alte früher immer behauptet hatte, sie seien die eigentlichen «Men in Black». Die große, unsichtbare Geheimorganisation – das seien die Kammerjäger, genau genommen die «Men in Grey», und der ganze Film eine Parabel über sie. Es gehe da, so der Alte, überhaupt nicht um eine geheime Behörde, die außerirdische Aktivitäten auf der Erde kontrolliere, sondern einfach nur um ihren Kammerjägeralltag. Aber den Film von echten Kammerjägern handeln zu lassen, sei politisch-gesellschaftlich schlicht zu brisant gewesen. Eine Einschätzung, die Georg, nachdem er sich «Men in Black» daraufhin noch einmal angesehen hatte, gar nicht so abwegig fand.

Nun jedoch verspürte er ganz andere Gefühle, eben Frau Kreutzer, Lucys Mutter, betreffend, die ihn auf beinah animalische Weise anzog. Wie sie wieder die Hände hochriss und auf die Oberschenkel klatschen ließ! Fast, als versuche sie zu fliegen, doch sie hob nicht ab, sondern stampfte, bebend vor Zorn, mit ihren Flipflops durch den Innenhof, stieß dazu unverständliche Wort- und Satzfetzen aus, wie: «Ohhrr! Nääähhh! Glaubsjanich! Weheeinerlacht! Näärrhh!», bis sie plötzlich im Erdboden versank. Ein letzter, ungewöhnlich lauter Schrei, dann war Stille.

Toni, der das Schauspiel ungerührt verfolgt hatte, fand als Erster seine Sprache wieder. Betont sachlich wandte er sich an Georg: «Frau Kreutzer hat entdeckt Tunnelsystem von Ratten. Spart uns Arbeit, ist gut. Aber jetzt Ratten sind gewarnt. Ist egal.»

Die Entdeckerin des Tunnelsystems fand ihre Lage allerdings alles andere als gut. Bis zur Hüfte steckte sie im Boden, zappelte und schimpfte und versuchte, so schnell wie möglich aus dem Rattentunnel herauszukommen. Georg begriff, wie günstig die Gelegenheit war, unauffällig Körperkontakt herzustellen und ein paar Heldenpunkte zu sammeln, rannte zu der erregten Frau und zog sie aus dem Rattenloch. Nur ihre Flipflops blieben im Erdreich gefangen.

Lucy, die alles aus der Wohnung im zweiten Stock verfolgt hatte, riss das Fenster auf und brüllte nach ihrer Mutter. Diese wiederum sprach hektisch, aber auch viel leiser, als Georg erwartet hatte: «Da war was da unten. Irgendwas war da. Ich hab's genau gespürt, da war was an meinem Fuß. Da war was!»

Dann schrie sie zu ihrer Tochter hinauf, sie solle aufhören

Leseprobe

zu schreien. Woraufhin die Tochter schrie, sie schreie gar nicht, die Mutter schreie und solle mal damit aufhören, was wiederum die Mutter veranlasste, der Tochter zuzuschreien, sie, die Tochter, würde sehr wohl schreien, was diese natürlich schreiend bestritt.

Toni verfolgte interessiert dieses wie geprobt wirkende Zwiegespräch und überlegte, ob er nicht auch eine Familie gründen solle, bis ihn Georg, der nach den Flipflops grub, zu sich herüberwinkte.

«Schau dir das hier mal an. Da ist tatsächlich was.»

Beim Näherkommen roch Toni, dass es etwas sehr viel Größeres als eine verwesende Ratte sein musste. Ein Flipflop steckte in einem blauen Müllbeutel, den Frau Kreutzer mit ihrem Gestrampel aufgerissen hatte. Georg öffnete den Müllbeutel noch weiter. Was Toni wegen des Geruchs schon vermutet hatte, wurde nun zur Gewissheit. Kurz und präzise fasste er die Situation zusammen: «Nicht gut.»

Es standen bereits reichlich Polizeiwagen vor dem Haus, als Hauptkommissar Carsten Lanner in der Tempelherrenstraße in Kreuzberg eintraf. Hier war es immer schwer, einen Parkplatz zu bekommen, aber jetzt war selbst der Bürgersteig vollgeparkt. Lanner stellte den Wagen am Landwehrkanal ab und lief einige hundert Meter zurück. Auf die zwei Minuten kam es auch nicht mehr an. Außerdem taten ihm die paar Schritte sicher gut. Er hatte wieder ein wenig zugenommen, sodass sein natürliches Hosenbundwohlfühlgefühl nun genau in der Mitte zweier Gürtellöcher lag und er sich jeden Morgen zwischen bequem und ambitioniert entscheiden musste. Wenn er nur noch das bequeme Gürtelloch benutzte, würden Maßnahmen erforderlich werden. Lebensqualität verringernde Maßnahmen, denn dieses Gürtelloch markierte die Grenze zwischen sportlich und vollschlank. Und er hoffte sehr, noch eine Weile sportlich auszusehen, ohne dafür Sport treiben zu müssen.

«Na, guck mal einer an! Unser Dorfsheriff ist ja auch schon da.»

Der kleine dreieckige Mann mit dem großen roten, kurzgeschorenen runden Kopf gackerte vor sich hin. Lanner stöhnte leise. Manfred Kolbe von der Spurensicherung erwartete ihn bereits vor dem Haus. Wenn er denn irgendeine Art von Autorität besessen hätte, Kolbe hätte sie mit Freude untergraben.

«Was hat denn wieder so lange gedauert? Kühe auf der Straße?»

«Nein, Ochsen! Also, genau genommen nur einer, und der versperrt mir erst jetzt den Weg.»

Kolbe brauchte ungefähr eine halbe Sekunde, dann sprang er richtig an. «Boaaarrhh, der war gut. Aber richtig gut. Ich hab's ja immer gesagt. Aus dem Dorfsheriff wird noch was. Hab ich immer gesagt. Manch anderer meinte, der packt das nicht. Also Berlin, das packt der nicht. Ich nenne keine Namen, aber da sind schon einige, die das denken. Doch ich hab immer gesagt, lasst den mal, der hat's faustdick hinter den Ohren, der Dorfsheriff. Das hab ich gesagt.»

Es war ein drolliges Bild. Der kleine, dicke Berliner Brummkreisel Kolbe führte den gut einen Meter achtzig großen, in dieser Minute eher vollschlanken, mittelgescheitelten, braunhaarigen Lanner durch das Vorderhaus in den Innenhof. Wie ein stolzes Kind, das etwas zeigen möchte.

Leseprobe

Lanner wirkte angestrengt. Wie immer, wenn er mit Kolbe oder einem anderen altgedienten Berliner Kollegen zu tun hatte. Wenn er ehrlich war, dachte er manchmal sogar selbst, er packe das nicht. Also, dieses ganze Berlin. Dabei war es genau das, was er immer gewollt hatte. Unbedingt. Zur Kripo, in die Mordkommission einer großen Stadt. Wie im «Tatort». Nur deshalb war er doch Polizist geworden. Und wie hart hatte er dafür gearbeitet. Der Riesenfall in seinem niedersächsischen Heimatdorf, den er im Alleingang gelöst hatte. Er wurde befördert und versetzt. Schon Hannover oder Bremen wäre ein Schritt gewesen, aber Berlin, das war der Hauptgewinn. Die Erfüllung seiner Träume. Mit Mitte dreißig Hauptkommissar, und das nicht irgendwo, sondern in der Hauptstadt. Wenn sie ihn jetzt sehen könnten in seiner alten Schule, da würde keiner mehr lachen. Doch ihn konnte ja leider keiner sehen. Obwohl er dafür immerhin auch keinen von den anderen sehen musste.

So richtig rund lief es allerdings nicht. Er hätte schon am ersten Tag misstrauisch werden können, als er in Berlin ankam, im Ostteil der Stadt am alten Mauerstreifen entlangfuhr und plötzlich ein großes Transparent sah: «Wen Gott bestrafen will, dem erfüllt er seine Wünsche.» Von da an kam ihm fast alles quer.

Die neuen Kollegen nahmen ihn einfach nicht für voll. Sie hatten schon das gesamte Arsenal der Neulingsverarsche auf ihn abgefeuert, glaubte er, und doch fiel ihnen jeden zweiten Tag noch was Neues ein. Das Getuschel hinter seinem Rücken, wenn er, das unerfahrene Huhn vom Lande, etwas sagte, der dämliche Spitzname Dorfsheriff, den er sich auch noch selbst eingebrockt hatte, weil er meinte, es sei witzig, sich mit dem Satz vorzustellen: «Berlin, aufgepasst, der neue

Dorfsheriff ist da!» Es gibt Sätze, bei denen weiß man schon, bevor man sie zu Ende gesprochen hat: Es war ein Fehler, sie überhaupt anzufangen. Dazu die Schikane mit dem Dienstwagen. Er hielt es zumindest für reine Schikane, dass er immer noch mit einem alten grün-weißen Streifenwagen durch Berlin fahren musste. Verdammt, er war Hauptkommissar der Kriminalpolizei. Er hatte Anspruch auf einen richtigen Dienstwagen, einen zivilen, mit Navi. Vor allem mit Navi! Es ist so demütigend, mit einem alten grün-weißen Streifenwagen nach dem Weg fragen zu müssen. Gerade in Berlin. Denn die Berliner finden es quasi konkurrenzlos witzig, einen Polizisten, der sich in ihrer Stadt offensichtlich nicht auskennt und vielleicht auch einen leicht norddeutschen Dialekt spricht, mal richtig in die Walachei fahren zu lassen. Deshalb war er wieder so spät dran. Weil die Berliner, die er nach dem Weg gefragt hatte, ihn ein bisschen die große, fremde Stadt angucken schickten. Vermutlich hatten sie ihre Freude.

Im Innenhof war nur noch ein Beamter, der mit zwei Männern sprach. Lanner schaute Kolbe überrascht an. «Wo sind denn Ihre ganzen Leute?»

«Wir sind hier erst mal fertig. Die Leiche oder das, was davon noch übrig ist, haben wir in dem Plastikbeutel beisammen, und der Rest ist abgesperrt. Es läuft uns nichts weg.»

Der junge Hauptkommissar atmete tief durch. Im Grunde seines Herzens war Kolbe wahrscheinlich nicht mal verkehrt, aber es war auch klar, dass es auf ewig so weitergehen würde, wenn sich Lanner jetzt nicht endlich Respekt verschaffte. Wie eine Espressomaschine, die kontrolliert Dampf ablässt, zischte er: «Jetzt hören Sie mir mal gut zu. Das ist *mein* Fall.

Ich leite die Ermittlungen, und hier hat niemand ‹erst mal fertig› zu sein, bevor nicht der leitende Hauptkommissar den Fundort gesehen hat. Ist das klar?»

Kolbe versuchte ein Lächeln. «Na ja, ich dachte …»

Jetzt kam der Dampf stoßweise aus Lanner: «Sie sollen nicht denken. Sie sollen Spuren sichern. Und wenn Sie etwas herausfinden, dann sollen Sie mir das mitteilen. Ganz einfach. Und ich gebe Ihnen noch eine ganz einfache Anweisung: Ich will bis spätestens morgen früh wissen, wer der Tote ist und woran er gestorben ist. Würden Sie sich bitte allein darauf konzentrieren, denn das, und nur das, ist Ihre Aufgabe, Herr Kolbe!»

Das hatte gesessen. Lanner konnte förmlich hören, wie es in Kolbes rundem Kopf rumpelte und arbeitete. Im Tonfall eines ertappten Kindes murmelte er: «Entschuldigen Sie, Herr Lanner, ich wollte nicht vorgreifen. Wissen Sie, ich bin manchmal wohl allzu zupackend. Überfalle die Leute, sagt meine Frau. Wie 'ne Dampfwalze, sagt sie, aber ich mein das nicht so. Kommt nicht wieder vor.»

Lanner nickte. Er fühlte sich schlecht. Sein Auftritt war großkotzig und theatralisch gewesen. Das wusste er, und er schämte sich deswegen, aber immerhin hatte es seinen Zweck erfüllt. In ein paar Wochen würde er sich vielleicht bei Kolbe entschuldigen, wahrscheinlich würden sie dann über die ganze Geschichte lachen.

«Herr Lanner?»

Kolbe wollte offensichtlich noch etwas loswerden, und Lanner bemühte sich wieder um einen normalen Ton. «Gibt's noch was?»

«Na ja», Kolbe suchte offenkundig nach den passenden Worten, «wegen der Sache mit der Identität …»

«Ich weiß», Lanner hatte sich jetzt wieder gefangen, «das ist bei einer monate- oder gar jahrealten Leiche sicher nicht ganz einfach. Sie müssen deshalb natürlich nicht die Nacht durcharbeiten. Geben Sie mir einfach so schnell wie möglich Bescheid.»

Kolbe schien erleichtert. «Oh, vielen Dank, da bin ich froh. Meine Frau hätte sich nämlich gar nicht gefreut, wenn ich die Nacht im Labor hätte zubringen müssen, wo sie doch heute ins Kino will und ich …»

«Schon gut.» Lanner drehte sich um und machte sich auf den Weg zu dem Beamten, der mit den beiden Männern sprach.

«Herr Lanner?» Kolbe war ihm hinterhergeschlichen.

«Was denn jetzt noch?»

«Na ja, nur weil Sie meinten, so schnell wie möglich Bescheid. Ich wollte Ihnen noch sagen, der Tote heißt Ansgar Kaminski, hatte hier im Haus im zweiten Stock eine Zweieinhalbzimmerwohnung und ist mit hoher Wahrscheinlichkeit durch einen harten Schlag auf den Kopf gestorben.»

Kolbe grinste. Lanner nicht. «Wie haben Sie das so schnell herausgefunden? Hat jemand im Haus den Toten erkannt?»

«Nee, da gibt es nix mehr zu erkennen.» Kolbe hatte sichtlich Spaß. Es sah aus, als hüpfe er bei jedem Satz. «Nur am Schädel kann man sehen, dass der aber so richtig eine verpasst gekriegt hat. Aber so richtig.»

Lanner versuchte, Kolbes Triumphzug zu stoppen, irgendwie zu punkten. «Verstehe, Sie sind die Vermisstenmeldungen durchgegangen. Kaminski wurde hier im Haus vermisst, und Sie haben eins und eins zusammengezählt. Gar nicht dumm. Kompliment.»

«Nee, der war auch nicht vermisst gemeldet. Die Leute im

Haus haben schon gesagt, dass die den bestimmt ein halbes Jahr nicht mehr gesehen haben. Ist ihnen aber erst jetzt aufgefallen, wo sie mitgekriegt haben, dass der die ganze Zeit tot im Garten lag.»

Die Fröhlichkeit in Kolbes Stimme ließ Lanner aufgeben. Instinktiv wusste er, dass er verloren hatte. Er hatte von Anfang an verloren. Resigniert gab er dem Spurensicherer die gewünschte Vorlage: «Also gut, wie haben Sie dann so schnell die Identität des Toten herausbekommen?»

Kolbe hielt kurz inne, und er genoss es, kurz innezuhalten, bevor er endlich sagen konnte, was schon seit der Geschichte mit dem Ochsen in ihm schlummerte. «Wissen Sie, Herr Hauptkommissar Lanner, hier in der Stadt haben wir doch noch etwas andere Möglichkeiten als auf dem Land. Das mag alles ein wenig verwirrend für Sie sein, aber Sie werden sich schon daran gewöhnen. Sie sollen ja ein besonders guter Polizist sein.»

«Wie haben Sie es so schnell rausgefunden?», zischte Lanner.

«Durch die Zähne natürlich.»

Lanner verdrehte die Augen. «Quatsch, so etwas dauert Tage.»

Kolbe hob einen Finger und ließ ihn dann verneinend hin- und herwackeln. «Früher vielleicht oder in Niedersachsen. Aber hier haben wir einfach sein Gebiss eingescannt …»

«Sie haben einen Kieferscanner in Ihrer Ausrüstung?»

«Hatten wir mal. Ist aber viel zu kompliziert und aufwendig. Mittlerweile machen wir das einfach mit dem iPhone. Da gibt es sehr gute Kieferorthopädie-Apps. Viel besser würde ein Zahnarzt das in seiner Praxis auch nicht hinkriegen. Das Gute am Smartphone-Scan ist aber vor allem die Geschwindigkeit. Die Daten gehen sofort an alle Berliner Zahnarztpraxen, damit die sie mit ihren Patientendaten vergleichen können. Und da unser Herr Kaminski natürlich in Berlin zum Zahnarzt gegangen ist, hatten wir nach nicht einmal zehn Minuten eine SMS mit seiner Identität und Adresse. Ich hab mir dann vom Präsidium die Erlaubnis geben lassen, mein Team gleich weiter in die Wohnung zu schicken. Ich weiß, das war nicht richtig, ich hätte Sie fragen müssen, aber Sie waren ja noch unterwegs. Sie werden sicher gute Gründe gehabt haben, so lange für den kurzen Weg hierher zu brauchen. Das geht mich auch nichts an. Aber wissen Sie, hier in Berlin geht alles viel hektischer zu. Wir haben leider nicht so viel Zeit wie auf dem Land. Die Verbrecher sind hier auch viel schneller, da muss man irgendwie mithalten.»

Kolbe strahlte, und Lanner starrte in die leere Grube, wo mal die Leiche gelegen hatte.

«Herr Lanner?»

Horst Evers
Vom Mentalen her quasi Weltmeister

Mehr als 50 Nationen dieser Welt zu Gast bei Horst Evers: Er porträtiert Land und Leute, ihre Sitten und Gebräuche. Was macht diese Völker aus? Was für eine Mentalität haben die so? Welche Geschichte? Welche Eigenheiten? Was oder wen essen die gerne? Und warum? Die lustigste Völkerkunde, seit Gott den Fußball schuf.

272 Seiten

«Ein brillanter Autor, ein wunderbarer Erzähler und ein stiller Komödiant ... Einfach klasse, Eins mit Stern!»
Süddeutsche Zeitung